Helmut Geiselhart

Das Managementmodell der Jesuiten

Helmut Geiselhart

Das Managementmodell der Jesuiten

Ein Erfolgskonzept für das 21. Jahrhundert

GABLER

Die Deutsche Bibliothek – CIP- Einheitsaufnahme

Geiselhart, Helmut:
Das Managementmodell der Jesuiten :
ein Erfolgskonzept für das 21. Jahrhundert /
Helmut Geiselhart. – Wiesbaden : Gabler, 1999
ISBN 3-409-19088-0

1. Auflage 1997
Nachdruck 1999

Lektorat: Ulrike M. Vetter

Der Gabler Verlag ist ein Unternehmen der Bertelsmann Fachinformation GmbH.

http://www.gabler-online.de

Umschlaggestaltung: Schrimpf und Partner, Wiesbaden
Satz: Alinea GmbH, München
Druck und buchbinderische Verarbeitung: Wilhelm & Adam, Heusenstamm
Printed in Germany

ISBN 3-409-19088-0

Für Emmanuel zu seinem zehnten Geburtstag

„Ihr dürft nur mit dem jeweils Besseren zufrieden sein."
Ignatius von Loyola

Vorwort

Wenn die Welt, in der wir leben, die Weltgesellschaft ist, und wenn diese Weltgesellschaft sich als Wissens- und Lerngesellschaft konstituiert, dann überleben nur jene Unternehmen, denen es gelingt, sich an dieses neue Umfeld anzupassen. Es sind Unternehmen, die sich so zu organisieren wissen und die ein solches Denken praktizieren, daß sie in sich selbst Wissens- und Lernprozesse institutionalisieren können und dadurch in hohem Maße veränderungs- und lernfähig werden. Damit ergibt sich das Konzept des lernenden Unternehmens, zu dem es in der Lern- und Wissensgesellschaft bislang keine Alternative gibt. Gemeint ist damit ein Unternehmen, das sich durch seine Lernen fördernde Organisation, durch seine Philosophie der Suche nach der besseren Lösung und sein ständiges Bemühen um Verbesserung aus eigener Kraft und mit zunehmender Leichtigkeit auf die Herausforderungen des sich rasch verändernden Umfeldes einstellen kann. Inzwischen läßt sich nachweisen, daß dieses Konzept des lernenden Unternehmens sich auch in wirtschaftlicher Hinsicht als ungewöhnlich erfolgreich erweist.

Um die Effizienz des lernenden Unternehmens in anderer Weise zu belegen, möchte dieses Buch ein konkretes Beispiel beschreiben, nämlich ein Unternehmen, das seit über 500 Jahren besteht und von ungebrochener Aktualität ist. Denn wir vertreten hier die These, daß dieses Unternehmen „Jesuitenorden" über Jahrhunderte so erfolgreich seinen Bestand gesichert hat, weil es ihm gelungen ist, in sich zu institutionalisieren, was das Wesen des Lernunternehmens ausmacht: sich durch ständige kritische Selbstreflexion zu erneuern.

Das hier beschriebene Unternehmen „Jesuitenorden" soll uns auch zu einem gründlichen Verständnis dessen anregen, was mit Lernunternehmen gemeint ist, und uns dabei unterstützen, dieses in unserem eigenen Verantwortungsbereich zu verwirklichen.

In einem Unternehmen müssen ständig Entscheidungen getroffen werden, langfristig oder kurzfristig wirkende. Von ihrer Qualität, also ihrer Wirklichkeitsnähe und Wirksamkeit, kann die Zukunft des Unternehmens abhängen. Ignatius von Loyola, der Gründer des Ordens, hat eine Weise der Entscheidungsfindung im Jesuitenorden eingeführt, die diese besondere Qualität begründet. Sie wird in diesem Buch beschrieben.

Allerdings ist es wenig erfolgversprechend, nur dieses Organisationsprinzip, jene Methode und die eine oder andere Idee zu übernehmen. Der Erfolg dieses Unternehmens besteht darin, daß es sich und seine Mitglieder einem ständigen Selbsterneuerungsprozeß unterzieht. Seinen stärksten Ausdruck findet dieser Prozeß in den Geistlichen Übungen, die Ignatius aufgrund seiner eigenen mystischen Erfahrungen verfaßt hat und die jedes Mitglied des Ordens in seinem Leben zweimal nachvollzieht.

Dieses Buch lädt dazu ein, die Geistlichen Übungen in ihrem gedanklichen Aufbau und Gehalt kennenzulernen und auch die Übungen im Rahmen der eigenen Lebensbedingungen durchzuführen. Es will also nicht nur informieren, sondern gleichzeitig zum Handeln anregen.

Danken möchte ich denen, die mir die Erfahrung der Geistlichen Übungen ermöglichten, insbesondere Pater Karl Fank S. J., dem inzwischen verstorbenen Exerzitienmeister. Die Übungen gehören zu den intensivsten Erfahrungen meines Lebens. Dafür verbleibe ich in ihrer Schuld. Bedanken möchte ich mich auch bei Dörthe Hildebrandt für die kritische Lektüre des Manuskripts. Herzlichen Dank schulde ich meiner Familie, ganz besonders meiner Frau, die mich, solange ich mit diesem Text beschäftigt war, von anderen Aufgaben entlastet und von manchen Pflichten befreit hat.

HELMUT GEISELHART

Inhalt

1. Industrieunternehmen und Jesuitenorden – ein Vergleich

Kann ein katholischer Orden, gegründet im ausgehenden Mittelalter, Hinweise geben für die erfolgreiche Führung von Industrieunternehmen an der Schwelle zum 21. Jahrhundert? Läßt sich denn beides miteinander vergleichen? Immerhin handelt es sich bei der Ordensgemeinschaft der Jesuiten um ein soziales System, so wie ein Unternehmen es auch ist, dem es gelingt, seinen Bestand seit über 500 Jahre zu sichern. Unternehmen überstehen kaum die dritte Generation.

Außerdem ist der Jesuitenorden ein Unternehmen, das international tätig ist, in 128 Ländern Niederlassungen unterhält, kulturelle Schranken überwindet und an die 22 000 Mitarbeiter zählt. Wie viele Unternehmen dieser Dimension gibt es heute auf der Welt, seit wann bestehen sie und wie steht es um ihre kontinuierliche Identität?

Der Orden ist bis heute nicht der gesellschaftlichen Bedeutungslosigkeit verfallen, sondern bleibt von ungebrochener Aktualität: Alfred Delp wurde von den Nazis hingerichtet wegen seiner Zugehörigkeit zum Widerstand gegen das Dritte Reich; Teilhard de Chardin als Professor für Paläontologie an der Sorbonne erarbeitete in der Nachkriegszeit eine geistige Verbindung zwischen moderner Evolutionstheorie und kirchlicher Schöpfungslehre. Alfred Welker gründet in Peru Berufsschulen und unterhält sie, um arbeitslosen Jugendlichen eine Ausbildung zu verschaffen. Er kämpft gegen die Drogenmafia und war deshalb bereits Opfer von vier Attentatsversuchen.

Wie ist es möglich, daß hier etwas gelingt, was noch keinem Unternehmen über einen Zeitraum von 500 Jahren gelungen ist, nämlich den eigenen Bestand zu sichern, sich bei kontinuierlicher Identität immer wieder neu der sich verändernden Umwelt anzupassen und an Selbsterneuerungskraft nicht nachzulassen?

Diese Frage ist deshalb berechtigt, weil nichts unversucht bleiben darf, um Lösungen für die Krise zu finden, in der sich Unternehmen in unserer Zeit befinden.

Der Schwerpunkt des Wirtschaftslebens verlagert sich in den pazifischen Raum. Der Pazifik sei das Mittelmeer der Zukunft, heißt es. In Asien entstehen neue wirtschaftliche und militärische Großmächte. Europa wird als „Region im Niedergang" betrachtet, die unfähig ist, die Entwicklung mitzuvollziehen: Dies bedeutet auf dem Weltmarkt neue Wettbewerber, die niedrigere Preise anbieten, weil sie mit geringeren Kosten produzieren.

- Neue Länder, die bisher bedeutungslos wenn nicht gar völlig unbekannt waren, tauchen in den Spalten der Wirtschaftsseiten auf. Es gibt in Asien Städte in der Größe von Paris, von denen wir noch nie gehört haben.
- Neuerdings spricht man vom Zusammenprall der Kulturen als Bedrohung der menschlichen Gesellschaft in der Zukunft.
- Die Belastungen der Umwelt werden angesichts der wirtschaftlichen Entwicklung dramatisch, so daß wir eine ganz neue, intelligentere Technik entwickeln müssen.
- Die elektronischen Informationssysteme führen zu einem immer leichteren und schnelleren Wissensaustausch und somit zu einer beschleunigten Wissensentstehung, so daß heute schon veraltet ist, was gestern noch ganz neu war.

Angesichts dieser Vorgänge und der Aufgabe ihrer Bewältigung herrscht große Ratlosigkeit. Die Kostensenkungsprogramme führen zu Einschnitten in das soziale Netz und bewirken bedrohliche Widerstände.

Auf Auftragsrückgänge, verfehlte Zielsetzungen und versäumte Anpassungen folgen Entlassungen, Konkurse und steigende Arbeitslosigkeit. Zwar gibt es immer wieder Managementtheorien, die eine Zeitlang bis zur Heilslehre hochgepriesen werden, um dann jedoch wieder als Banalität im Alltag zu verblassen. So ist es heute nahezu unerläßlich, das Zertifikat für Qualitätssteigerungsmaßnahmen zu erwerben. Doch in der Praxis verkommt diese Maßnahme leicht zum Formalismus.

Was ist von der massiven Corporate-Identity-Bewegung übriggeblieben? Fast nur Graphik.

Reengineering sollte als besonders durchgreifendes Verfahren die Kosten reduzieren und die Wettbewerbsfähigkeit wiederherstellen. Angesichts der aufgetretenen Schäden distanzieren sich inzwischen selbst die Autoren von ihren Empfehlungen.

Management- und Organisationskonzepte kommen und gehen, kurzlebig wie die Mode. Sie leben – ähnlich wie die Mode – von ständiger Wiederholung des Bisherigen auf verfeinerte Weise, ohne tiefgehende Lösungen für Bedürfnisse und Probleme anzubieten, die eine sich verändernde Welt stellt.

Vielleicht sind solche Lösungen von der bisherigen Vorgehensweise gar nicht mehr zu erwarten, vielleicht fehlen Impulse und Ideen, um ganz andere Denkwege zu versuchen.

Neue Anstöße für erfolgreiche Unternehmensführung

Entscheidende Anstöße für Unternehmensführung und Organisationslehre kamen in den letzten Jahren aus fachfremden Bereichen. Breite Wirkung erzielte die Philosophie des kritischen Rationalismus von Karl Popper, der zu einer anderen Betrachtungsweise der Wirklichkeit anregte. Niemand sei im Besitz der Wahrheit, deshalb könne auch nicht der Kompetenteste für sich allein die richtige Lösung kennen, die beste Entscheidung treffen. Er ist auf die kritische

Kommunikation mit seinen Kollegen angewiesen, bei der es nicht darum geht zu beweisen, daß etwas richtig ist, sondern zu überprüfen, unter welchen Bedingungen es falsch sein könnte.

Popper betont die Fähigkeit, zu kritisieren und sich kritisieren zu lassen, aus Versuch und Irrtum zu lernen und gemeinsam nach der jeweils besseren Lösung zu suchen.

Da niemand im Besitz der Wahrheit ist, sollen sich Veränderungen ständig, aber in kleinen Schritten vollziehen, innerhalb einer Organisation, in der das Zusammenwirken von solcher Qualität ist, daß es nicht mehr entscheidend ist, ob der Beste an der Spitze steht. Denn auch der Beste kann die vielfältigen Vernetzungen nicht mehr bewältigen. Popper zeigt den Zusammenhang auf zwischen der Qualität eines Produktes, der psychischen Verfassung der Mitarbeiter, die es herstellen, und der im Unternehmen herrschenden Ideen, seiner geistigen Welt oder Unternehmensphilosophie. Er betont besonders die Bedeutung der Ideen in einem Unternehmen.

Angesichts der zunehmenden Komplexität der Aufgaben, der Unübersichtlichkeit der Weltgesellschaft und der kulturellen Pluralität, in der sich Unternehmen heute bewegen müssen, stellt die Philosophie von W. Welsch den Gedanken der transversalen Vernunft zur Verfügung (Welsch, 1995).

Vernunft ist nicht mehr als lineares Denken zu verstehen, das, genauen Regeln folgend, zu wahren Aussagen führt. Transversale Vernunft bezeichnet das Vermögen, mit der Pluralität von Argumentationen umzugehen, sie weder zu verleugnen noch sich ihr haltlos zu überlassen.

Die Fähigkeit, hochgradig unterschiedlichen Ansprüchen gerecht zu werden, ist heute eine grundlegende Anforderung an die Vernunft. Je weiter die Ausdifferenzierung in der Gesellschaft voranschreitet und die Pluralisierung sich steigert, um so mehr bahnen sich neue vielfache Verknüpfungen an.

Transversale Vernunft ist das Vermögen der Erhellung und Klärung, der Reflexion und Offenlegung. Sie richtet sich auf die Relation zwischen den Argumentationen, deckt verborgene Beziehungsstrukturen auf, analysiert tiefere Zusammenhänge und laterale Verbindungen. Statt sich mit Bornierungstechniken zu begnügen, faßt sie weite Perspektiven ins Auge und verbindet die Präzision der Logik mit Phantasie und Erfindungskraft. Transversale Vernunft bietet den Unternehmen als Denkweise die Chance, die zunehmende Komplexität der modernen Welt zu bewältigen, statt sie zu unterdrücken, und sie als Quelle der Kreativität zu nutzen.

Entscheidende Neuerungen für Unternehmen gingen auch von der Biologie aus. So beschreibt G. Deleuze das Rhizom als Modell für eine neue Organisationsform. Rhizome sind unterirdische Wurzelstränge, die manche Pflanzen ausbilden, um ungünstige Perioden zu überdauern. Rhizome versetzen diese Pflanzen in die Lage, sich während dieser ungünstigen Perioden unterirdisch auszubreiten und dadurch sogar neue Sprosse zu bilden. Rhizome sind Sprosse, die ihr Wachstum unter die Erde verlagert haben. Es handelt sich dabei um Neubildungen von Pflanzengewebe, Blattansätzen und Trieben, die ihrerseits selbst Wurzeln tragen und weiterwachsen.

Rhizome sind unbegrenzt wachstumsfähig. Ihre älteren Teile sterben im Verlauf der Jahre zwar ab; da sie jedoch immer weiter Knospen und neues Gewebe bilden, können sie als einzelne Pflanze riesige Flächen unterirdisch durchwachsen. Rhizome können sehr alt werden.

Unterschiedliche Pflanzenarten können trotz Deckungsdichte gemeinsam auf der gleichen Fläche koexistieren. Sie erreichen dies dadurch, daß die Rhizomgeflechte sich auf unterschiedlich tief gelegenen Schichten in der Erde ausbreiten.

Pflanzen können mit Hilfe eines Rhizoms auch unter ungünstigen Bedingungen weiterwachsen und sich entwickeln. Durch die unterirdische Sprossung sind sie in der Lage, auf verbesserte Umweltbedingungen sofort zu reagieren und von Arealen bereits Besitz zu ergreifen, während andere Pflanzen erst mit Wachstum und Sprossung beginnen müssen.

Deleuze verwendet nun das Rhizom als Modell für Denkweisen, Gesellschaften und Organisationen und fordert eine Abkehr vom Baum mit seiner Pfahlwurzel, vom eindimensionalen Denken und von hierarchischen Strukturen.

> *„Das Denken ist nicht baumförmig, und das Gehirn ist keine verwurzelte Materie. Die Dendriten stellen keine Verbindung von Neuronen in einem zusammenhängenden Gewebe her. Die Diskontinuität der Zellen, die Rolle der Axonen, die Funktion der Synapsen, die Existenz synaptischer Mikro-Fissuren, der Sprung jeder Botschaft über diese Fissuren hinweg, machen aus dem Gehirn eine Mannigfaltigkeit, die auf ihrer Ebene in ein ungewisses System von Wahrscheinlichkeiten eingebettet ist" (Deleuze, Guattari, 1992, 11 f.).*

Ein Rhizom besteht aus beweglichen Richtungen. Es hat weder Anfang noch Ende, aber immer eine Mitte, von der aus es wächst und sich ausbreitet.

Anders als ein zentriertes System mit hierarchischer Kommunikation und feststehenden Beziehungen ist das Rhizom ein nicht-hierarchisches System ohne General. Es hat kein organisiertes Gedächtnis und keinen zentralen Automaten und wird allein durch eine Zirkulation von Zuständen definiert.

Deleuze spürt rhizomartige Strukturen in den unterschiedlichsten Bereichen auf: im menschlichen Gehirn, im Wechselspiel von Gesundheit und Krankheit, in Tiergesellschaften und bei Pflanzen. Er beschreibt die Vitalität, die Überlebensfähigkeit, die Mannigfaltigkeit dieser Strukturen trotz fehlender Festlegungen und mit vielen Ungewißheiten.

Dieses rhizomatische Denken ist nicht leicht zu verstehen, aber es ist ungewöhnlich und mehr als die leichte Variation des Üblichen, die oft nur eine Verfeinerung des Bekannten darstellt, die zwar einige

Probleme löst, aber auch neue schafft. Rhizomatisches Denken verdient, weitergedacht zu werden, um es auf die Organisation von Unternehmen anzuwenden.

Den eindrucksvollsten Beitrag zur Veränderung und Erneuerung der Unternehmen haben die beiden Biologen Maturana und Varela mit dem Konzept der Autopoiese geleistet. Sie haben diesen Begriff geschaffen, um zu definieren, was lebende Systeme ausmacht.

Lebende Systeme sind autopoietische Systeme, „weil sie in einem kontinuierlichen Prozeß das eigene System selbst erzeugen. Sie erschaffen sich aus sich selbst heraus ständig neu. So ersetzt eine Zelle in einem kontinuierlichen Vorgang die Bestandteile, aus denen sie besteht, mit Hilfe der Bestandteile, aus denen sie besteht" (Willke, 1983, 43).

Autopoiese bedeutet, daß ein System nach außen offen ist für Energie- und Informationsaustausch, aber geschlossen, autonom oder selbstbestimmend in der Art und Weise der Verwendung oder Verarbeitung dieser Energie oder Information. Autonomie beruht auf den autopoietischen, d. h. selbstorganisierenden, selbststeuernden und selbsterneuernden Prozessen.

Autopoiese finden wir auch in Lernvorgängen wieder, wie sie J. Piaget beschrieben hat. Eine Information trifft auf ein erkennendes System, das sie assimiliert, dadurch seine inneren Prozesse verändert, indem es das Neue integriert und sich auf diese Weise zu weiteren Erkenntnissen befähigt.

Autopoiese gibt es auch in sozialen Systemen wie Unternehmen. Sie kommen durch Kommunikation zustande, also dadurch, daß Menschen in besonderer Weise miteinander in Beziehung treten. Diese Kommunikation dient dazu, erforderliche Entscheidungen zu treffen, die wieder neue Kommunikation auslösen, die dann wieder zu neuen Entscheidungen führt.

Das Konzept der Autopoiese auf Unternehmen angewandt ermöglichte die Ausarbeitung der These vom lernenden Unternehmen, also dem sich selbst organisierenden und selbst erneuernden Unternehmen. Diese ist wohl die theoretisch anspruchsvollste und gleichzeitig „praxisbezogenste Vorstellung" von einem Unternehmen in einem hochkomplexen und veränderungsintensiven Umfeld. Sie ist derzeit weltweit das erfolgreichste Unternehmenskonzept (Geiselhart, 1995, 31).

Immer wieder ist zu vernehmen, es sei nicht erlaubt, Beobachtungen und Erkenntnisse aus einem Rationalitätsbereich auf den anderen zu übertragen, von Philosophie oder Biologie auf Organisationen zum Beispiel. Da aber die bereichsinternen logischen Ableitungen zu wenig neuen Erkenntnissen führen und vor allem keine Wege aufzeigen, um die aktuelle bedrohliche Situation zu meistern, ist es legitim, über Analogiebildung nach neuen Anregungen zu suchen. Analogie bedeutet zu versuchen, ein Objekt nach seinem Verhältnis zu einem anderen zu erfassen. Durch den Vergleich mit einem anderen soll etwas klarer werden, z. B. „Der Gedanke traf ihn wie ein Blitz" (Brugger, 1986, 11).

Um etwas mit etwas anderem zu vergleichen, ist es erforderlich, daß zwischen beiden Übereinstimmungen und Verschiedenheiten zugleich bestehen. Ohne Übereinstimmungen liegt überhaupt keine Vergleichsmöglichkeit vor, ohne Verschiedenheit bietet der Vergleich nur eine Wiederholung desselben, gibt keinen neuen Aufschluß. So muß das, was miteinander verglichen wird, in etwas übereinstimmen und sich in etwas unterscheiden, damit die Analogie zu neuen Erkenntnissen führen kann (Brugger, 1986, 11).

Angesichts der schwierigen Situation von Unternehmen und der dürftigen Beiträge der Managementlehre und Organisationstheorien ist es deshalb legitim, sich über Analogiebildungen zu neuen, effizienteren Lösungen anregen zu lassen. Deshalb vergleichen wir ein Rhizom und ein lebendes System mit einem Industrieunternehmen. Die Übereinstimmung besteht darin, daß beide als autopoietische Systeme betrachtet werden können, deren Ziel es ist, ihren Bestand zu sichern. Sie unterscheiden sich in der Art und Weise, in der sie dieses Ziel verfolgen, welche Organisation sie sich geben und welche Methoden sie entwickeln. Aus dem, worin sie sich unterscheiden, wollen wir für Unternehmen Erkenntnisse gewinnen, wollen wir lernen.

Gemeinsamkeiten von Jesuitenorden und Unternehmen

Dieses Buch handelt von einer weiteren Analogiebildung, nämlich zwischen Jesuitenorden und Industrieunternehmen. Auch hier gibt es Übereinstimmungen und Unterschiede.

Beide sehen oder sahen sich einer Zeit des Umbruchs gegenüber: damals die Begegnung der Alten mit der Neuen Welt und der katholischen Kirche mit der Reformation, die zu einer kraftvollen Bewegung anschwoll und ganze Länder mitriß, heute die Entstehung einer Weltgesellschaft, in der die Entfernungen zusammenschrumpfen, Informationen in Windeseile von einem Ende des Globus zum anderen gelangen und in der neue Wirtschaftszentren entstehen, die die europäischen und amerikanischen Unternehmen vor eine große Herausforderung stellen. Damals wie heute wuchs die Erkenntnis, daß es so wie bisher nicht weitergehen konnte und kann.

Beiden, Jesuitenorden wie Unternehmen, geht es darum, ihren Bestand für die Zukunft zu sichern. Sie versuchen dies, indem sie bestrebt sind, sich von anderen zu unterscheiden durch ihr Produkt, ihre Qualität, ihre Nischenpolitik, ihre Dienstleistungen. Unternehmen bieten zu ihren Produkten immer mehr Know-how an, verkaufen Wissen. Der Jesuitenorden bietet vorwiegend Wissen an. Die ungewöhnlich lange und intensive Ausbildungszeit und das strenge Auswahlverfahren sorgen für möglichst hohe Qualität. Die Nische, in der die Jesuiten tätig sind, ist ihre Art und Weise, in der sie sich Zugang zu ihrem „Markt“ verschaffen, das ist die Wissenschaft, sind die Gelehrten und andere „hochgestellte Persönlichkeiten“. Die

Dienstleistungen, die sie anbieten, sind hohes Niveau verbunden mit persönlicher Bescheidenheit. Sie sichern ihren Bestand, indem sie in nahezu allen Ländern der Erde vertreten sind und sich in den unterschiedlichen Kulturen bewegen können.

Wie ein Unternehmen, so ist auch der Jesuitenorden ein soziales System, das sich in der Gesellschaft ausdifferenziert. In einer funktional differenzierten Gesellschaft produzieren Unternehmen Gewinn und Jesuitenorden Religion im weitesten Sinne. Darin unterscheiden sie sich. Doch in der Art, wie sie diese Leistung erbringen, sind sie vergleichbar.

Der Jesuitenorden ist ein soziales System wie ein Wirtschafts- und Industrieunternehmen. So wie andere Systeme innerhalb der differenzierten Gesellschaft bestimmte Leistungen wie Geld, Macht oder Bildung erbringen, so bringt der Jesuitenorden eine bestimmte Ausprägung christlicher Religion hervor.

Wie alle lebenden und überlebenden Systeme ist auch der Jesuitenorden ein selbstorganisierendes und selbststeuerndes System. Er bringt sich selbst nach dem Vorbild biologischer Systeme hervor.

Die Selbsterneuerung, die Veränderung durch Lernen vollzieht sich in sozialen Systemen durch Metareflexion. So wie sich zwischenmenschliche Beziehungen dadurch verändern, daß zwei Menschen nicht nur miteinander sprechen, sondern auch darüber, wie sie miteinander sprechen, so verändert sich das Verhalten eines Menschen dadurch, daß er über sich nachdenkt und auch darüber, wie er über sich nachdenkt. Die Fähigkeit, das eigene Denken zum Thema des eigenen Denkens machen zu können, also die Fähigkeit zur Meta- oder Selbstreflexion, ist ein wesentliches Merkmal des Menschen.

Diese Metareflexion ist im Jesuitenorden in besonderer Weise institutionalisiert, wird aber auch in Unternehmen praktiziert, die über die Fähigkeit zur Selbsterneuerung verfügen.

Systeme ohne Selbsterneuerung, ohne System-Umwelt-Differenz, d. h. ohne die Fähigkeit, sich sowohl an das Umfeld anzupassen als auch sich von ihm zu unterscheiden, verschwinden aus der Geschichte oder versinken in der Bedeutungslosigkeit. Dies gilt sowohl für kirchliche Orden als auch für Unternehmen.

Unterschiede zwischen Jesuitenorden und Unternehmen

Jesuitenorden und Unternehmen unterscheiden sich in mancher Hinsicht. In Unternehmen sind Menschen beschäftigt, die zum Unterhalt ihrer Familien oder zur persönlichen Lebensgestaltung Geld verdienen und Vermögen bilden wollen. Die Mitglieder des Jesuitenordens verzichten dagegen auf persönlichen Besitz, um ganz frei zu sein für ihre Aufgabe. Die meisten Menschen in Unternehmen sind verheiratet oder streben nach intimen Beziehungen. Die Jesuiten verzichten auf diese Dimension menschlichen Daseins. Sie wollen zeigen, daß ein erfülltes menschliches Dasein möglich ist, das sich ganz auf eine höhere Idee und den Dienst am anderen gründet. Doch ist dies nicht so ungewöhnlich. Es gibt viele Menschen, die wenig von ihrem Vermögen profitieren und deren Zeit für Privatleben knapp ist, so ein Herzspezialist an einem großen Krankenhaus, ein Vorstandsvorsitzender, der um die Zukunft seines Unternehmens kämpft, ein Politiker, der für weitreichende Entscheidungen einzutreten hat.

Unternehmen müssen Gewinn produzieren, den sie teilweise an die Aktionäre oder über Steuern an den Staat abführen müssen. Der Jesuitenorden darf nach eigenem Verständnis keine Gewinne machen und kein Vermögen anhäufen. Dennoch ist er wirtschaftlich ganz auf sich selbst angewiesen, muß durch Gehälter und Spenden für den Unterhalt der Mitglieder aufkommen und seine Werke und Aktivitäten finanzieren.

Ein Unterschied sei besonders hervorgehoben, nämlich, daß das Geheimnis des Unternehmens „Jesuitenorden" darin besteht, daß es ihm im Gegensatz zu anderen Unternehmen in besonderer Weise gelingt, das zu verwirklichen, was mit Lernunternehmen gemeint ist.

Dieser kurze Aufriß zeigt bereits, daß es zwischen Unternehmen und Jesuitenorden sowohl Gemeinsamkeiten als auch Unterschiede gibt, so daß ein Vergleich fruchtbare Ergebnisse erhoffen läßt.

Bevor wir uns genauer mit dem Jesuitenorden befassen, um der Frage nachzugehen, ob er als Modell des Lernunternehmens gelten kann, soll im nächsten Kapitel zunächst der Begriff „Lernunternehmen" genauer erläutert werden.

2. Das lernende Unternehmen – eine Definition

Die Lernfähigkeit eines Unternehmens wird heutzutage als besondere Qualifikation herausgestellt. Doch auch vorher gab es schon lernende Unternehmen. Zum ausdrücklichen Thema wird das Lernunternehmen, weil die bisherigen Instrumente nicht mehr ausreichen, um mit der Krise und den neuen Herausforderungen fertig zu werden, weil die zunehmende Komplexität der modernen Welt mit den bisherigen Managementmethoden, Verhaltens- und Denkmustern nicht mehr zu bewältigen ist. Außerdem verfügen wir inzwischen über theoretische Instrumente, um lernende Systeme zu beschreiben, wie den Begriff der Autopoiese von Maturana und Varela und die Lerntheorie von Piaget.

Der Begriff Lernunternehmen ist gegenwärtig von vielen Seiten zu hören. Immer mehr Unternehmen möchten sich als solches verstehen. Doch bedeutet Lernunternehmen einen hohen theoretischen Anspruch. Ohne ihre theoretischen Grundlagen verkommt die Idee des Lernunternehmens zum Üblichen und Banalen, das wenig bewirkt.

Die Idee des lernenden Unternehmens beruht auf den Theorien der Autopoiese, also der lebenden Systeme als selbstorganisierende und selbsterneuernde Systeme, auf der Lerntheorie und den Erkenntnissen über das menschliche Gehirn, das das anspruchsvollste Lernsystem ist, das die Evolution hervorgebracht hat. Ohne Wissen um diese Grundlagen ist es schwer zu verstehen, was mit Lernunternehmen gemeint ist.

Gemeint ist ein Unternehmen, das fähig ist, sich den sich beschleunigenden Veränderungen anzupassen. Es tut dies mit Hilfe einer Organisationsform, die Lernprozesse fördert, durch eine geistige

Welt im Unternehmen, die Neuem gegenüber aufgeschlossen ist und es als erstrebenswert aufzeigt, sich ständig um neue Erkenntnisse zu bemühen, durch eine tägliche Praxis der Veränderung und durch eine Personalentwicklung, die Lernfähigkeit als oberstes Bildungsziel anstrebt. Ein solches Unternehmen institutionalisiert Lernprozesse von solcher Intensität, daß es eher in der Lage ist, sich auf die Veränderungen am Markt, auf den Wettbewerb einzustellen und sich mit den Kunden weiterzuentwickeln. Es erfaßt technische Entwicklungen schneller und kann sie früher umsetzen als die Konkurrenten. Es gelingt ihm eher, für neue Produkte einen Markt zu schaffen. Es kann auf gesellschaftliche und kulturelle Unterschiede und neue Trends feinfühlig reagieren und sie sogar mitgestalten.

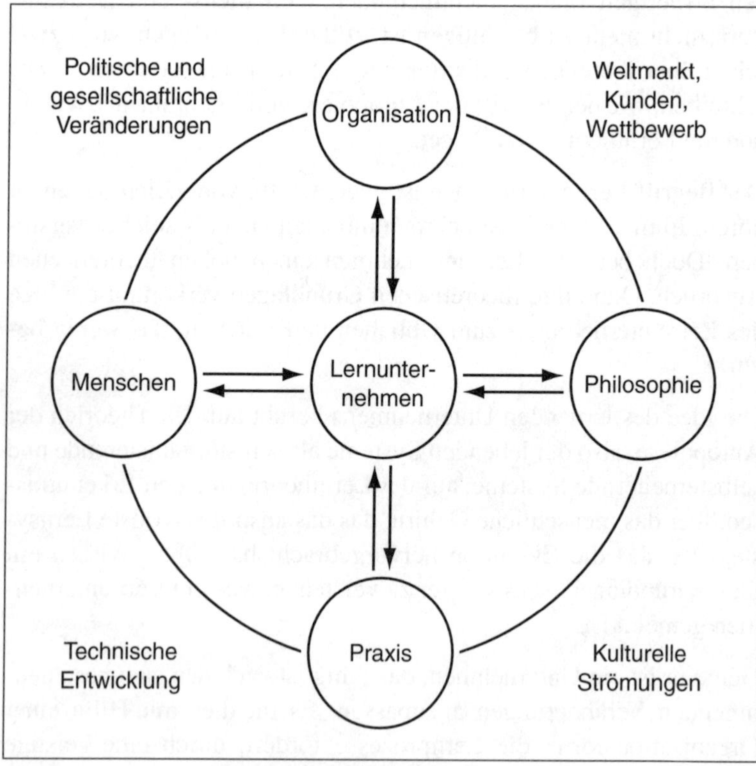

Das Wesen des Lernunternehmens besteht in der Institutionalisierung einer funktions- und hierarchieübergreifenden Dauerreflexion. Es bedeutet gemeinsames Nachdenken über den eigenen Bereich, über das Unternehmen und darüber, wie man gemeinsam über das Unternehmen spricht. Dabei geht es darum, sich in Frage zu stellen, aus Kritik zu lernen, neue Erkenntnisse zu gewinnen, um Probleme besser lösen zu können und Chancen besser zu nutzen. Dieser Reflexionsvorgang soll dazu führen, eine geistige Gemeinsamkeit zu entwickeln, die zielgerichtetes Handeln nach außen ohne verlustreiche Mißverständnisse oder Rivalitäten erlaubt. Ein lernendes Unternehmen ist daran zu erkennen, daß es in der Lage ist, sich mit zunehmender Leichtigkeit durch interne Entscheidungen an externe Veränderungen anzupassen. Es zeichnet sich zudem dadurch aus, daß es dies aus eigener Kraft vermag und nicht auf die Hilfe unternehmensfremder Institutionen angewiesen ist. Ein lernendes Unternehmen ist offen für jegliche Impulse, Anregungen und Informationen von außen. In der Anwendung nach innen ist es autonom, zumal bei autopoietischen Systemen Unternehmensfremde zwar Informationen anbieten können, als Externe aber keinen Einfluß auf die interne Umsetzung haben. Werden sie Teil des Systems, dann unterliegen sie denselben systemspezifischen Gesetzmäßigkeiten und Zwängen wie die anderen.

Das anspruchsvollste Lernsystem, das die Evolution hervorgebracht hat, ist das menschliche Gehirn. Gemäß der Analogiebildung fragen wir nach seinem Funktionsprinzip, um daraus Folgerungen für Lernprozesse in Unternehmen abzuleiten. Anschließend wollen wir überprüfen, in welcher Weise diese Lernprozesse im Jesuitenorden praktiziert werden.

3. Der Jesuitenorden als lernendes Unternehmen – eine Deutung

Aus der Funktionsweise des Gehirns lassen sich für die Organisation eines Unternehmens, die in besonderer Weise in der Lage sein soll, Lernprozesse zu fördern, folgende Punkte ableiten:

- Sowohl Hierarchie als auch laterale Vernetzungen sind von Bedeutung.
- Es ist notwendig, autonome Einheiten zu schaffen und sie in das Ganze zu integrieren.
- Die Selbsthematisierung als kritische Bestandsaufnahme des eigene Zustands und als Quelle der Selbsterneuerung ist wichtig.
- Die Idee vom Ganzen, die das Handeln der Teile lenkt, die an der Erarbeitung dieser Idee vom Ganzen mitwirken, ist zu beachten.
- Durch gemeinsame Reflexionsleistungen ist ein inneres Bild der Außenwelt zu schaffen, um mit gebündelter Energie zielgerichtet handeln zu können.
- Es besteht der Anspruch, bei der Verwirklichung der eigenen Ziele auch den anderen eine geeignete Umwelt zu sein.

Die Organisation

Die Organisation des Jesuitenordens ist dadurch gekennzeichnet, daß an der Spitze ein Parlament steht. Es setzt sich zusammen aus den Leitern der Regionen, den Provinziälen und den von den Ordensmitgliedern gewählten Teilnehmern. Dieses Parlament wird Generalkongregation genannt. Es verabschiedet Gesetze, Regeln und Stellungnahmen zu aktuellen Themen. Es erarbeitet die generellen Orientierungen, die langfristigen Perspektiven und die strategischen Vorhaben. Es beschränkt sich nicht auf Kontrollfunktionen gegenüber der Exekutive, sondern greift sehr wohl in das operative Geschäft ein. Seine Beschlüsse werden durch Abstimmungen gefaßt, bei denen eine große Mehrheit, häufig sogar Einstimmigkeit erforderlich ist. Das Bemühen um Konsens ist groß, wenngleich dieser nicht leicht zu erzielen ist. An der letzten Generalkongregation im März 1995 nahmen 223 Delegierte aus den 89 Provinzen teil. Die Beschlüsse der Kongregation sind für alle Ordensmitglieder bindend. Sie binden vor allem den Generaloberen, der auf Lebenszeit gewählt wird und über nahezu uneingeschränkte Befehlsgewalt verfügt, allerdings nur für die Umsetzung der Beschlüsse des Parlaments. Er kann nicht aus eigener Machtvollkommenheit agieren, eigene Maßnahmen treffen oder Verfügungen erlassen. Seine Aktivitäten müssen sich immer im Rahmen der vom Parlament erlassenen Richtlinien bewegen und haben diesen zu dienen.

Hierarchie und laterale Vernetzung

So finden wir hier einerseits eine straffe Hierarchie vor, die der Umsetzung von Visionen und Strategien dient, und andererseits eine Vernetzung der autonomen Subsysteme, Regionen und Kulturen übergreifend, die den Zusammenhalt gewährleisten und stärken soll.

Der Orden ist gegenwärtig in 89 Provinzen aufgeteilt, die als autonome Einheiten Werkeinheiten oder Profit-Center bilden und auf die Probleme, denen sie begegnen, eine regional und kulturell spezifische Antwort finden müssen. So präsentierten sich die Jesuiten dem chinesischen Kaiser als Gelehrte aus dem Abendland und arbeiteten als Astronomen am kaiserlichen Hof. Im Deutschland der Reformation waren sie als Lehrer an von ihnen gegründeten Schulen tätig, und heute arbeiten sie als Sozialarbeiter in Südamerika.

Die Generalkongregation muß als repräsentatives Organ des Gesamtordens den Regeln parlamentarischer Demokratie folgen wie Gewaltenteilung, Verantwortlichkeit der Exekutive gegenüber dem gewählten Parlament etc. Außerdem werden aus den Provinzen Sachanträge an die Generalkongregation gerichtet, die diese zu bearbeiten hat. Bei der letzten Tagung waren es 700 Anträge, die dann von Kommissionen nach Themen geordnet dem Plenum vorgestellt werden.

Ein wichtiges Anliegen ist es, eine geistliche Entscheidungsfindung in Gemeinschaft zu praktizieren und Blockbildungen sowie formalistische Geschäftsordnungsdiskussionen zu vermeiden.

So finden wir in dieser Organisationsform wieder, was wir als Prinzip vom Modell des menschlichen Gehirns als lernendem System abgeleitet haben: eine Organisation mit klaren hierarchischen Abläufen, verbunden mit intensiven lateralen Vernetzungen. Dies ergibt sich einerseits aus dem Zusammenspiel von Generalkongregation als dem aus gewählten Vertretern des Gesamtordens zusammengesetzten obersten Organ und andererseits aus dem auf Lebenszeit gewählten Generaloberen, der im Rahmen der von der Generalkongregation beschlossenen Richtlinien deren Umsetzung mit Macht betreiben kann. So finden wir hier eine Verbindung von demokratischer Meinungs- und Willensbildung verbunden mit ausgeprägter Umsetzungs- und Gestaltungsmacht.

Autonomie und Integration

Heute ist der Orden in 128 Ländern tätig, unterhält Niederlassungen von Japan bis Brasilien. Die kulturelle Vielfalt wird deutlich, wenn man sich bewußt macht, daß einige Jesuiten mit den Indios im Dschungel Guatemalas leben, während andere in ihrem Büro in einem Hochhaus in Tokio arbeiten. Einige haben sich nach dreißig Jahren die hohe Kunst orientalischer Diplomatie im Libanon angeeignet, während andere möchten, daß jeder mit amerikanischer Direktheit klipp und klar seine Meinung sagt. Manche vertreten die Interessen der mehr als hundert Millionen Daliths (Kastenlose, Unberührbare) in Indien, andere betonen die desolate wirtschaftliche und soziale Lage in den ehemals kommunistischen Ländern Osteuropas (Meurer, 1995, 386 f.).

Die Subsysteme des Jesuitenordens sind also in weiten Bereichen autonom, ebenso wie in großen Unternehmen, die heute häufig in viele überschaubare Leistungseinheiten aufgeteilt werden. Die Folge in Unternehmen ist jedoch oft, daß die Subsysteme sich ständig optimieren und dadurch das Ganze immer schwächer und immer schwerer zu steuern wird. Manchmal geht es soweit, daß die Subsysteme untereinander konkurrieren, sich Preise und Marktchancen verderben.

Unser Gehirn besteht aus autonomen Einheiten, die aber gleichzeitig durch permanente Abstimmungsprozesse in das Ganze integriert sind. Was unser Gehirn also leistet und womit wir uns in Unternehmen so schwer tun, das ist die Reintegration der geschaffenen Subsysteme in das Ganze. Wie kommt diese Integration im Jesuitenorden zustande, obwohl der Orden in alle Welt zerstreut ist und die Jesuiten von Anfang an die ganze Welt als ihre Wohnung ansahen?

Ignatius von Loyola, der Gründer des Ordens, hat im Auftrag seiner ersten Gefährten die Ordensverfassung, die Konstitutionen, ausgearbeitet. Obwohl er der alleinige Verfasser der Konstitutionen war, war er besorgt, seinen Entwurf in jedem Stadium der Ausarbeitung den Gefährten zur Genehmigung vorzulegen. Das Prinzip der gemeinschaftlichen Beratung und Entscheidung im Geist enger Zusammenarbeit war ihm wichtig. Da ist keine Spur eines autoritären Gründers, der den anderen das eigene Bild des Unternehmens aufdrängt. Stets unternimmt er neue Schritte, damit alle ersten Gefährten dabei sein können, denn er will ihnen den vollständigen Entwurf der Konstitutionen zur Genehmigung, Kritik, Korrektur und zu neuen Vorschlägen unterbreiten. Später hat er sich geweigert, die Konstitutionen abzuschließen und ihnen zu seinen Lebzeiten Gesetzeskraft zu verleihen. Nur eine Generalkonkregation, die den ganzen Orden vertrat, hatte in seinen Augen das Recht, dem Werk Gesetzeskraft zu geben. Als sie zusammentrat, war er nicht mehr dabei (Knauer, 1990, 131 f.).

Auch die letzte Generalkongregation 1995 war gekennzeichnet durch das mühsame Ringen um Verständigung. Jede Vorlage einer Kommission wurde in verschiedenen Schritten beraten, jede Kommission und Regionalgruppe konnte Rückmeldungen an die ursprüngliche Kommission geben, jeder einzelne Delegierte hatte die Möglichkeit, der Kommission seine Stellungnahme zu schreiben, dann wurde die Vorlage im Plenum diskutiert und überarbeitet. Bis zur Endabstimmung wiederholten sich diese Schritte bei allen Themen zwei- bis dreimal. Damit jeder in Ruhe und Freiheit entscheiden könne, fanden die Diskussion einer Vorlage und die Abstimmung darüber nie am selben Tag statt. Selbst nach erfolgter Abstimmung hatte jeder Delegierte noch drei Tage lang das Recht, Bedenken an dem gefaßten Beschluß anzumelden und ihn noch einmal zur Diskussion zu stellen. Diese Vorgehensweise verhinderte Blockbildung, vorschnelle Meinungsbildung und Marginalisierung kleiner Provinzen und Interessengruppen. Der Lohn dieser Mühe war, daß fast alle größeren Dekrete nahezu einstimmig verabschiedet werden konnten.

So geschieht die Integration der Teile in das Ganze durch teils mühsame und aufwendige Konsensbildung in den repräsentativen Spitzengremien.

Um die Einheit über alle Diversifizierung hinweg zu gewährleisten, wurde zudem das Prinzip des Gehorsams gegenüber den jeweils höheren Vorgesetzten eingeführt, allerdings verbunden mit der Verpflichtung zu einem tiefen geistlichen Gespräch zwischen dem Vorgesetzten und dem Ordensmitglied, das von einer Entscheidung betroffen ist.

Eine besonders wichtige Funktion bei der Erhaltung der Einheit hat die verbindende und verpflichtende Leitidee. Im Jesuitenorden wird viel Zeit darauf verwandt, sich immer wieder auf diese gemeinsame Idee zu besinnen, neue Mitglieder in sie einzuführen und sich immer wieder auf sie zu beziehen.

In einem so großen Unternehmen mit seinen etwa 22 000 Mitgliedern gibt es zahlreiche Spannungen, Interessengegensätze und Konflikte. Die Besinnung auf die verbindende übergreifende Idee hilft, diese Gegensätze immer wieder zu überwinden.

Um zu ermöglichen, situationsgerecht und, wenn nötig, schnell zu entscheiden und zu handeln, gilt ein Verfahren, das unabhängiges Handeln erlaubt und dennoch im Sinne des Ganzen bleibt. Ein Jesuitenpater, der in die Situation gerät, entscheiden zu müssen, ohne sich mit der Zentrale abstimmen zu können, geht in folgender Weise vor: Er besinnt sich auf die verbindende Idee des Ordens; er fragt sich, wie sein Vorgesetzter in dieser Situation entscheiden würde; er überprüft, welche Vorgehensweise er selbst am ehesten verantworten kann. Entsprechend ist dann die Vorgehensweise. Sollte sich nachträglich herausstellen, daß die Entscheidung falsch war, so hat er doch richtig gehandelt, wenn er im beschriebenen Sinne vorgegangen ist.

Anderen geeignete Umwelt sein

Bei all den organisatorischen Regeln betonte Ignatius von Loyola immer wieder, daß er im Orden eine Gemeinschaft von Menschen sieht, die einander im gleichen Geist und in der gleichen Einsatzfreude verbunden sind. Er wollte einen lebendigen Organismus, dessen Glieder und Zellen miteinander durch das gleiche Blut verbunden sind, vom gleichen Wort genährt werden. Alle sind füreinander verantwortlich und üben sich somit in dem Bestreben, einander geeignete Umwelt zu sein.

Um die Einheit zu stärken und Machtkonzentration zu verhindern, gilt die Regelung, daß eine Führungsposition von einem Ordensmitglied nicht länger als sechs Jahre eingenommen werden darf. Danach gibt es keine Verlängerung. Ausnahme ist der auf Lebenszeit gewählte Generalobere.

Noch Ignatius hat angeordnet, daß jede Provinz die anderen regelmäßig durch Briefe über die eigene Tätigkeit informiert, so daß alle voneinander wissen.

Autonomie und Integration, beides entspricht dem Bauplan des menschlichen Gehirns als dem Lernsystem par excellence.

Metareflexion

Das, was menschliches Denken von anderen Intelligenzleistungen unterscheidet, ist die Fähigkeit, das eigene Denken zum Thema zu machen, die Selbst- oder Metareflexion. Diese Selbstthematisierung als kritische Bestandsaufnahme gilt als Quelle der Selbsterneuerung. Aus ihr gehen die Leistungen hervor, durch die die Menschen im Verlauf der Geschichte die Erde verändert haben: die Sprache, die Kultur, die Technik. Auch im Leben des einzelnen ist diese Selbstthematisierung Voraussetzung dafür, dem Leben eine Wende geben zu können. In Unternehmen wird diese Chance zu wenig genutzt. Bei Besprechungen und Tagungen ist wenig Zeit und Gelegenheit, gemeinsam über sich selbst nachzudenken, so sehr ist die Zeit ausgefüllt mit sicher wichtigen aktuellen Tagesthemen. Anders im Jesuitenorden: Jeder einzelne ist aufgefordert zu dieser kritischen Selbstreflexion, täglich zweimal fünfzehn Minuten, jährlich eine Woche, zweimal in seinem Jesuitenleben dreißig Tage und einmal ein ganzes Sabbatjahr lang.

Selbsterneuerung durch kritische Selbstthematisierung, davon wird in diesem Buch noch ausführlicher die Rede sein. Der Jesuitenorden als Ganzes gibt sich in der Institution der Generalkongregation die Gelegenheit, über sich selbst kritisch nachzudenken und die Chance der Selbsterneuerung zu nutzen.

Gemeinsames Bild der Außenwelt

Diese Institutionalisierung der Selbstreflexion sowohl für das einzelne Ordensmitglied als auch als Dauereinrichtung, die das ganze Unternehmen erfaßt, ist wohl das Geheimnis des erfolgreichen Bestehens des Ordens über mehrere Jahrhunderte hinweg.

Diese Selbstreflexion, die bei gemeinsamen Tagungen im Mittelpunkt steht, dient auch dazu, ein gemeinsames Bild der Außenwelt zu entwerfen. Da wir nicht wissen, wie die Wirklichkeit objektiv ist, kommt es auf die Erarbeitung dieser gemeinsamen Sicht der Welt an. Sie erlaubt es, gemeinsam zielgerichtet zu handeln.

Die geistige Welt

Lernunternehmen ist mehr als nur eine Einzelmaßnahme und beschränkt sich nicht auf Organisationsveränderung. Karl Popper hat darauf hingewiesen, wie wichtig in einem Gesamtgeschehen die Welt der Ideen ist und daß es darauf ankommt, daß diese Ideen das Lernen und die Veränderung fördern. Deshalb ist es oft so wenig ergiebig, in einem Unternehmen die Organisation zu verändern oder Weiterbildungsmaßnahmen durchzuführen, wenn sich das Denken, die Philosophie im Unternehmen nicht ändert.

Im Jesuitenorden wird viel Zeit darauf verwendet, diese Welt der Ideen auszubilden und weiterzugeben. An anderer Stelle haben wir darauf hingewiesen, wie sehr sich die Philosophie des kritischen

Rationalismus von Karl Popper mit ihrer Suche nach der besseren Lösung, ihrer rationalen Entscheidungsfindung und ihrer Betonung der Kritikfähigkeit als Voraussetzung für Lernvermögen, als Philosophie des Lernunternehmens eignet (Geiselhart, 1995, 53 f.).

Die Suche nach der besseren Lösung

Sicherlich finden wir im Jesuitenorden nicht Poppers Grundthese, daß niemand von uns im Besitz der Wahrheit ist und daß wir uns der Wahrheit nur durch Falsifikation, Kritikfähigkeit und rationale Argumentation annähern können. Das kirchliche Lehramt ist sehr wohl überzeugt, wahre und deshalb verbindliche Aussagen machen zu können. Aber was wir im Orden finden, ist die Sorgfalt und das Bemühen um rationale Entscheidungsfindung, so daß nicht nur breite Zustimmung, sondern auch innere Übereinstimmung erreicht wird. Die Suche nach der jeweils besseren Lösung, also das ständige Verbessern und Weiterlernen des kritischen Rationalismus, finden wir im Jesuitenorden in der Leitidee wieder, in der sich sein wesentliches Selbstverständnis ausdrückt, in dem Motto: Omnia ad majorem Dei Gloriam (OAMDG), „Alles zur größeren Ehre Gottes". Bezeichnend ist, daß hier die erste Steigerungsform gewählt wird, der Komparativ, nicht der Superlativ, so wie 500 Jahre später im kritischen Rationalismus auch. Man könnte meinen, wenn es um die Ehre Gottes geht, kann nur das Beste, das Vollkommenste angestrebt werden. Aber der Superlativ, wenn er erreicht ist, bedeutet auch das Ende, es geht dann nicht mehr weiter, das „Mehr" wird sinnlos, das Streben erlischt, es gibt nichts mehr zu lernen.

Die Geistlichen Übungen, die wir noch besprechen wollen, dienen dazu, klare und tragfähige Entscheidungen zu treffen. Immer wieder ermahnt Ignatius, nie gegen die Vernunft zu entscheiden, auch wenn innere Eingebungen oder gar mystische Erfahrungen anderes anstreben.

Die Jesuitenmissionare haben als Angehörige der europäischen Kultur auch die damals herrschenden Meinungen über die Indios in der Neuen Welt geteilt, als sie dort eintrafen. Dort waren sie jedoch bereit, ihre Meinungen an der Wirklichkeit zu überprüfen, haben große analytische Anstrengungen unternommen, um ihre Vorurteile aufzugeben und um ganz andere Erfahrungen zu verstehen und danach zu handeln. So hat der Jesuitenmissionar Acosta nach seiner Ankunft in Amerika 1571 und einer zweijährigen Reise durch Peru einen Bericht über seine Erfahrungen verfaßt und ablehnend zu dem Krieg gegen die Indianer, zur Rechtmäßigkeit der spanischen Herrschaft, zu den von den Indios zu leistenden Abgaben, zu Minenarbeit und Perlentaucherei Stellung genommen. Er bezeichnete dies als verabscheuungswürdige Sklaverei. Dies führte in Amerika zu einem Konflikt der Jesuiten mit der spanischen Krone. Ihre Missionspraktiken in China brachten sie im berühmten Ritenstreit in einen Konflikt mit Rom. Die ständige Suche nach dem „mehr“ (lat. „magis“), der besseren Lösung, der größeren Leistung, der höheren Qualität – dies bedeutet unablässiges Weiterlernen.

Evolution als Geschichte der Entfaltung des Geistes

Eine weitere geistige Grundlage für das Verständnis des Jesuitenordens und seiner über Jahrhunderte andauernden Lernfähigkeit ist die Idee, daß die Evolution die Geschichte der Entfaltung eines Geistes ist, der im Christentum die Gestalt eines persönlichen Gottes annimmt.

So war Ignatius von Loyola kein entrückter Mystiker. Seine Mystik bestand darin, im konkreten alltäglichen Geschehen das Wirken des göttlichen Handelns wahrzunehmen, die Wirkung des Göttlichen im Dasein der Menschen zu erkunden. Er spürte der Anwesenheit Gottes in allen Dingen nach und empfing „den größten Trost, wenn (er) den Himmel und die Sterne betrachtete“, wie er in seiner Biographie schrieb. In den geistlichen Übungen leitet er dazu an, darüber nachzudenken, wie Gott in den Geschöpfen wohnt und wie er „für mich in allen geschaffenen Dingen auf dem Antlitz der Erde sich müht und arbeitet“ (ebd.).

Acosta, der Amerikamissionar, ist durch die Schule des Ignatius gegangen und beschreibt, wie er in der Natur und in der Geschichte das Wirken Gottes sieht, es nahezu spürt, sooft er die Ozeane befährt und die Gegenden Südamerikas durchreist. Diese spirituelle Betrachtungsweise der Welt und der Menschen veranlaßt ihn zu einer scharfen Verurteilung des gewaltsamen Vorgehens der Spanier in Amerika und zu einer tiefen Zuneigung zu den Indianern, ohne sie jedoch zu idealisieren.

Der Ordensbruder und Paläontologe Teilhard de Chardin beschreibt diese Grundüberzeugung wissenschaftlicher, indem er in der Evolution eine Kraft am Werk sieht, die über die verschiedenen Phasen der Entwicklung hin immer mehr Geist hervorbringt, zu immer geistvolleren Wirklichkeiten führt und nach einer Vergeistigung der Welt strebt. Von dieser Kraft und diesem Streben sind die Mitglieder des Ordens erfüllt. Es treibt sie seit Beginn auf die Straßen Europas, Chinas, Indiens, Brasiliens, Äthiopiens, und was sie dort aufbauen wollen, ist das Reich Gottes, ist eine Welt des Geistes.

Diese Betrachtungsweise der Welt als etwas, das sich weiterentwickelt, ständig auf der Suche nach besseren Lösungen in Wissenschaft, Kultur, Technik ist, und die Überzeugung, daß wir die Verantwortung dafür tragen, daß diese Dynamik zu einer besseren Welt führt, bewegt die Mitglieder des Unternehmens Jesuitenorden dazu, ständig weiterzulernen und viele Jahre in Studium und wissenschaftliche Weiterbildung zu investieren.

Die globale Dimension

Beeindruckend ist, wie dieser Orden bereits im 16. Jahrhundert die Welt als eine Einheit gesehen hat. Die globale Marktwirtschaft ist ein

Begriff unserer Zeit und weist auf die Notwendigkeit für ein Unternehmen hin, sich auf dem Weltmarkt erfolgreich zu betätigen, wenn es nicht zugrunde gehen will. Die Erfahrung zeigt auch, wie schwer es ist, in fremden Ländern Niederlassungen aufzubauen oder sich anderswie zu etablieren; wie sehr eine eurozentristische, wenn nicht gar imperialistische Weltbetrachtung viele Unternehmen noch daran hindert, sich auf fremden Märkten, in fremden Kulturen erfolgreich zu betätigen. Wer macht sich schon die Mühe, die Sprache des Landes zu lernen, in dem er tätig ist, wo doch von jedem erwartet wird, daß er Englisch versteht; wer bringt die Zeit auf, tief in die Philosophie und die Geschichte jenes Landes einzudringen, aus dem seine wichtigsten Kunden stammen, und wer ist bereit, durch die Begegnung mit fremden Kulturen auch sich selber kritisch in Frage zu stellen, statt vor allem abzuwehren und abzuwerten?

Schon in den ersten Jahren seines Bestehens trieb Ignatius das missionarische Wirken als Auftrag des jungen Ordens in atemberaubender Weise voran. Nicht nur Europa, sondern auch Asien, Afrika und die Länder der Neuen Welt wurden Stätten seiner Tätigkeit. So wirkte Franz Xavier in Indien und Japan und starb vor den Toren Chinas. 1548 begannen die Jesuiten ihre Tätigkeit in Afrika, die sich von Äthiopien bis zum Kongo ausdehnte. 1549 gingen die ersten Jesuiten nach Brasilien. Als Ignatius 1556 starb, gab es an die 1000 Ordensmitglieder, die rund um die Erde tätig waren.

Ignatius sieht das Ganze der Welt in seiner Vielgestaltigkeit. Er sieht „die Menschen aller Rassen und Völker, die auf dem Angesicht der Erde leben in so großer Verschiedenheit hinsichtlich der Trachten und des Benehmens, die einen weiß, die anderen schwarz, alle von Gott geschaffen und zum ewigen Heil berufen“ (ebd.). Zu diesen Völkern sendet Ignatius nach der Gründung des Ordens seine Gefährten. Er empfiehlt ihnen wiederholt, die Bräuche der Völker zu achten und ihre Sprache zu lernen. Immer wieder richtet Ignatius seinen Blick auf „die große Weite des Erdenrundes, auf dem so viele und verschiedenartige Völker wohnen“ (ebd.). Diese Vision der Welt als eine große Einheit unter Respektierung ihrer Vielgestaltigkeit hat früh zu Grundsätzen geführt, die die Begegnung mit fremden Kulturen prägen sollten. Die Beziehungen zu den Menschen fremder Kulturen werden als Beziehungen der Gleichwertigkeit betrachtet. Gefordert ist die Anpassung an Lebensformen und Sprache des fremden Landes. Wichtig ist das Bemühen, die fremde Geisteswelt zu verstehen. Bei Verhandlungen und Diskussionen geht es darum, an die fremde Denkweise und Kultur anzuknüpfen. Gefordert ist auch die Bereitschaft, andere Welten und Menschen in sich selbst zuzulassen und sie als gleichberechtigte Teile einer einzigen Welt zu sehen.

1582 kamen die ersten Jesuiten nach China. Einer der bedeutendsten war Pater Ricci, der es bis zum Berater des chinesischen Kaisers brachte und für die christliche Mission in China viel bewirkte, bis diese später wegen des mangelnden Verständnisses in Rom für eine selbstbewußte fremde Kultur zerstört wurde. Pater Ricci lernte Chinesisch, verfaßte ein Buch über das Christentum in chinesischer Sprache und studierte die konfuzianischen Klassiker. Er entdeckte als erster Europäer den Konfuzianismus. Seine Methode war, mit gebildeten Leuten in Kontakt zu treten, indem er sich als Gelehrter aus dem Abendland vorstellte. Auf diese Weise gelang es ihm sehr schnell, mit hochstehenden Mandarinen und mit dem Vizekönig der Provinz Kanton in Beziehung zu treten. Er wollte in einer Schrift das Christentum so darstellen, daß es von chinesischen Gelehrten akzeptiert werden konnte. Deshalb trat er als Gelehrter auf, der begierig war, das chinesische Denken zu verstehen, sich auf dieses Denken zu stützen, um seine christliche Botschaft vorzutragen. So machte er durch seine Studien der ältesten Bücher Chinas einen Begriff ausfindig, der im chinesischen Altertum einen persönlichen Gott bezeichnete und am ehesten dem christlichen Gottesbegriff entsprach. Es gelang ihm, so tief in das konfuzianische Denken einzudringen, um zu verstehen, daß die Verehrung des Konfuzius und der Ahnen nichts mit Götzendienst und Vielgötterei zu tun haben, da man nichts von ihnen erbittet und nichts von ihnen erwartet. So war es für Pater Ricci selbstverständlich, diese Riten zu respektieren, auch für die chinesischen Christen. Ricci konnte unterscheiden, je nach Geist, der sich in diesem oder jenem Begriff, in dieser oder jener Gewohnheit ausdrückt.

Acosta, der schon erwähnte Jesuitenmissionar Südamerikas, vergleicht in seinem Buch die Alte mit der Neuen Welt. Er relativiert dadurch die ethnozentristischen Vorstellungen von der Überlegenheit Europas und fördert die geistige Integration der beiden Welten. In seinem Programm einer komparativen Ethnologie vergleicht er die Vulkane Amerikas mit denen Italiens, der Titicacasee ist für ihn das Mittelmeer der Neuen Welt. Was für die Alte Welt Weizen und Brot, das sind für die Neue Welt Mais und Kartoffel. Er vergleicht auch die Kulturleistungen miteinander, seien es Bewässerungsanlagen oder die Städte Rom und Cuzco, Tenochtitlan und Venedig. Bei seinem Vergleich zwischen den Völkern scheinen ihm die Indios den Spaniern sogar überlegen zu sein – durch ihre Bescheidenheit, ihre Sanftmut und ihre Verachtung von Habsucht und Luxus. Diese Vergleiche sollten die gegenseitige Durchdringung der Völker und Kulturen vorbereiten.

Für Acosta besteht kein Zweifel daran, daß die Indios nicht der Sklaverei unterworfen werden dürfen, sondern das Recht haben, frei und Herr ihrer selbst zu sein. Er kämpft für die Bewahrung der indianischen Kultur und gegen die Hispanisierung. Bei der von Acosta angestrebten Integration der Welten spielt die Sprache eine wichtige Rolle. Jesuitische Tradition ist es, die lokal erforderlichen Volkssprachen zu lernen. Acosta fördert in Amerika den Spracherwerb durch Gründung von Universitätsbibliotheken für Indianersprachen. Von den Missionaren verlangt er neben der Integrität des Lebens und genügenden Sach- und Landeskenntnissen auch die Beherrschung der Sprache. Von den Spaniern verlangt er, daß sie zuerst die Sprache der Einheimischen lernen, statt diesen ihre eigene Sprache aufzuzwingen. Die nach Acostas Zeit einsetzende Sprachenpolitik der spanischen Krone führte dann allerdings zu einer Hispanisierung und Geringschätzung der lokalen Sprachen.

Flexibilität

Ignatius bezeichnet sich in seiner Biographie als Pilger. Die Idee der Pilgerschaft ist auch die Idee des nicht im Gegenwärtigen verwurzelten, sondern des nach dem Mehr, dem Besseren suchenden Menschen. Es ist diese Idee der ortsungebundenen und kulturelle Barrieren überwindenden Pilgerschaft, die Ignatius dem neugegründeten Orden mitgeben wollte. „Es ist unsere Berufung, in jeder Gegend der Welt unterwegs zu sein und unser Leben zu führen, wo der größte Dienst für Gott und die größere Hilfe für die Menschen zu erhoffen ist", schreibt Ignatius in den Konstitutionen. Die Jesuiten leben nicht in Klöstern, sondern wohnen in den Ausbildungsstätten, den Profeßhäusern und ihren Schulen. Die Pilgerreise wird als vierte Bleibe der Jesuiten bezeichnet, und damit „wird die ganze Welt zu unserer Wohnung."

In der Begegnung mit den fremden Kulturen immer wieder sich selbst in Frage stellen, sich innerlich verändern, um nach außen viel bewirken zu können, sich auf das Fremde einzustellen, ohne die eigene Identität zu verlieren, das ist es, was die Jesuiten von Anfang an auszeichnete.

Diese ständige Bereitschaft, irgendwohin auf der Welt zu gehen, wo der Dienst es gerade erfordert, verlangt vom Orden insgesamt eine hohe Beweglichkeit. Ignatius faßt es in dem Satz zusammen: „Ihr sollt in der Welt sein, doch nicht von der Welt sein." Er wollte die Unabhängigkeit des neuen Ordens dadurch sichern, daß dieser ein Gegengewicht zu den gesellschaftlichen Strukturen und Neuerungen seiner Zeit bilden sollte: zur Macht, Machiavellis „Principe"; zum Geld, den Banken der Fugger und der Medicis; zur wissenschaftlichen Revolution durch Kopernikus. Den Strukturen der Macht setzt er die Bescheidenheit entgegen; den Strukturen des Geldes die Ungewißheit des täglichen Brotes, den Strukturen der Wissenschaft die Absage an die höfische Kultur. Später erkennt er, daß er und seine Gefährten sich in die konkrete Gesellschaft einfügen müssen, in der sie leben, also in die Strukturen der Macht, des Geldes, der Wissenschaft. Deshalb beginnen sie zu studieren, akademische Grade zu erwerben, Ehrenämter der Universitäten anzunehmen. An den Höfen waren sie hoch angesehen. Sie genossen Privilegien und Wohlwollen. Ihr Selbstverständnis blieb aber der Gedanke, Werkzeuge im Dienst einer großen Idee zu sein und sich selbst nicht in den Vordergrund zu stellen.

Um dem Orden möglichst viel Beweglichkeit für eine globale Tätigkeit in den verschiedensten Kulturen zu erhalten, führte Ignatius etwas radikal Neues ein, das er bei der Gründung des Ordens nur mit Mühe durchsetzen konnte: Die Mitglieder des Jesuitenordens waren befreit von den üblichen Lebensformen der Mönche. So wohnen die Jesuiten mitten unter den anderen Menschen. Sie unterscheiden sich nicht durch eine besondere Kleidung, verzichten auf Chorgebete und feierliche Gottesdienste. Ignatius wehrte sich gegen starre Regelungen der Lebensform und des Tagesablaufs. Ihm war die Freiheit des Ordens wichtiger, durch die es ihm möglich war, flexibel und situationsgerecht zu handeln. Bei vielen Regelungen und prinzipiellen Festlegungen fügte er immer wieder hinzu: Die Regel gilt, es sei denn, der Vorgesetzte oder die Situation erfordern es anders. So verzichtete er auch auf feste Einkünfte, alles, was auf Regelmäßigkeit und Dauer angelegt ist und den Orden in wirtschaftliche Abhängigkeit bringen könnte. Die wirtschaftliche Unabhängigkeit des Ordens ist um so schwerer zu gewährleisten, als der Orden wie ein Unternehmen durch Einkünfte aus eigenen Leistungen seinen Bestand sichern muß, nicht mit Subventionen rechnen kann und gleichzeitig einen großen Finanzierungsbedarf hat: Ausbildungs- und Weiterbildungskosten, Alterssicherung der Mitglieder, Häuser, Schulen, Universitäten in den verschiedenen Ländern und dazu die Aktionen, die der Orden weltweit unternimmt. Ermöglicht wird dies zunächst durch das bescheidene, wenig aufwendige Leben der Mitglieder, die sich dazu verpflichten, sich in ihrer Lebensweise und in ihren Ansprüchen an die Lebensweise ärmerer Leute anzupassen. Zudem bezieht der Orden Einkünfte, Honorare und Gehälter aus der beruflichen Tätigkeit der Mitglieder Spenden, und er erhält den persönlichen Besitz der Mitglieder bei deren endgültiger Aufnahme. Hier unterscheidet sich das Unternehmen „Jesuitenorden" von Wirtschaftsunternehmen. Die Vergleichbarkeit besteht dagegen hinsichtlich der Notwendigkeit, den eigenen Bestand zu sichern, die autopoietischen Prozesse der Selbstorganisation und Selbsterneuerung aufrechtzuerhalten, zur Umwelt ein Differenzverhältnis aufzubauen, also sich anzupassen und sich zu unterscheiden, sich nach Funktionen zu differenzieren, um die zunehmende Komplexität der modernen Welt zu bewältigen.

Frei von konkreten, starren Festlegungen und materiellen Bindungen sollte der Orden sein, um seinen weltweiten Auftrag erfüllen zu können, nämlich mitzuwirken an der Vergeistigung der Welt.

Personalauswahl und Führungsqualifikation

Ein Lernunternehmen braucht eine Organisation, die Lernprozesse fördert, eine geistige Welt, die zu Veränderungen und Weiterlernen anregt, aber dies allein reicht nicht. In der praktischen, alltäglichen Arbeit muß Lernen stattfinden. In Unternehmen geschieht dies durch verschiedene Arten kontinuierlicher Veränderungsprozesse, durch Qualitätsverbesserungen und durch Metareflexion bei Tagungen und strategischen Planungen. Diese Metareflexion als selbstkritische Besinnung und Basis aller Veränderungen ist im Jesuitenorden in besonderer Weise institutionalisiert. Diese Formen der institutionalisierten Dauerreflexion werden im Kapitel über die Geistlichen Übungen noch ausführlicher dargestellt.

In einem Unternehmen lernen die Menschen, indem sie durch Kommunikation gemeinsame Begriffe bilden, die das besondere Wissen und die spezielle Kompetenz des Unternehmens enthalten. Dieser Lernvollzieht sich die Personalauswahlvorgang, der sich in unterschiedlichen Situationen und anhand vielfältiger Ereignisse wiederholt, setzt vor allem lernfähige Menschen voraus.

Im Jesuitenorden werden Kandidaten eingeladen, nachdem die schriftlichen Bewerbungen um Aufnahme in den Orden mit Abiturzeugnis, Gesundheits- und Führungszeugnis vorliegen und die guten schulischen Leistungen außer Frage stehen. Der Bewerber führt dann ein Gespräch mit vier Jesuitenpatres, die ihn jeweils nach dem Grund seines Wunsches, in den Orden aufgenommen zu werden, befragen. Herauszufinden ist, ob sein Motiv zu dem Anliegen des Ordens paßt, ob er angesichts der langen Studien die intellektuellen und gesundheitlichen Voraussetzungen mitbringt und ob er bereit sein wird, „an jeden Ort der Welt zu gehen."

Nach der Aufnahme folgt das Noviziat, das zwei Jahre dauert. Die Bewerber leben in einer gewissen Abgeschiedenheit und werden in den Geist des Ordens eingeführt. Daß soviel Zeit darauf verwendet wird, das Hineindenken in den Geist des Ordens zu ermöglichen, verdeutlicht, wie wichtig es ist, eine geistige Gemeinsamkeit zu erarbeiten, die später Grundlage gemeinsamen Handelns ist, Orientierung bietet und viele Entscheidungen erleichtert. In der Zeit des Noviziats werden sogenannte Experimente gemacht, die dem Werdegang der Gründerväter entsprechen. Der Kandidat soll deren Erfahrungen nachvollziehen. Er soll zum Beispiel Kranke pflegen, Hausarbeit verrichten, in der Landwirtschaft tätig sein, Kindern Religionsunterricht erteilen. Der Geist des Ordens soll nicht nur gelernt, sondern auch erfahren werden. Einen Höhepunkt dieser zweijährigen Einführungszeit bilden die Geistlichen Übungen, bei denen der Kandidat seine Berufswahl intensiv überprüft und die geistliche Welt des Ordens erfährt, die künftig die Quelle seines Ordenslebens bildet. Es ist eine Zeit der gegenseitigen Prüfung, in der auch viele Novizen wieder gehen. Die Zeit der Ausbildung und der Studien ist gebührenfrei, so daß beim Ausscheiden auch nichts nachzuzahlen ist. Die Freiheit, sich für oder gegen den Orden zu entscheiden, soll gewährleistet werden. Am Ende dieser Zeit stehen die Gelübde, durch die sich der Kandidat seinerseits für den Orden entscheidet. Der Orden bindet sich endgültig erst am Ende der langen Ausbildungszeit. Eine Entlassung wegen Krankheit ist aber schon jetzt, nach dem Ablegen der ersten Gelübde, nicht mehr möglich. Nach dem zweijährigen Noviziat folgen drei Jahre Philosophiestudium an Hochschulen des Jesuitenordens, danach drei Jahre Tätigkeit als Lehrer, Erzieher oder in einer anderen praktischen Arbeit. Daran schließt sich das vierjährige Theologiestudium an theologischen Fakultäten verschiedener Universitäten an. Für diejenigen, die sich in den Studien qualifizieren, folgt eine Spezialausbildung in einem wissenschaftlichen Fach. Erst am Ende dieser langen Ausbildungszeit, die für manchen erst mit dem vierzigsten Lebensjahr zu Ende geht, entscheidet sich der Orden endgültig für die Aufnahme, indem er den Kandidaten zu den feierlichen Gelübden zuläßt. Doch auch hier gibt es noch eine weitere Unterscheidung: Die Jesuiten, die den Kern des Ordens bilden, sind die Professen. Zu diesem inneren Kreis wird nur zugelassen, wer sich durch besondere intellektuelle Begabung, die sich in wissenschaftlichen Leistungen zeigt, auszeichnet und wer den Geist des Ordens in seiner Lebensweise praktiziert und so darstellen kann, daß an seinem Vorbild erkennbar wird, was die Idee des Ordens ist.

In den von Ignatius verfaßten Konstitutionen läßt sich sein Bild von einem Jesuitenpater erkennen: Er soll

- von guter Gesundheit sein und Rücksicht auf seine physischen Kräfte nehmen,
- in seinem Reden und Handeln von Vernunft geleitet sein und ein gutes Urteilsvermögen besitzen,
- gut reden können und über eine starke Willenskraft verfügen.
- Auch äußere Qualitäten sind erwünscht: Ansehen, akademische Grade, auch Adelsstand, was im 16. Jahrhundert den Zugang zu einflußreichen Personen erleichterte.
- Die geforderten inneren Werte sind Gewissenhaftigkeit, Klugheit, Offenheit, Bescheidenheit und Entschlossenheit.

Bei einem Vergleich der verschiedenen Texte der Konstitutionen zeichnet sich ein deutliches Profil des Ordensmitglieds ab, und zwar unabhängig von unterschiedlichen Temperamenten, Qualitäten und persönlichen Werdegängen. Das heißt zwar keineswegs, daß alle Mitglieder nach der gleichen Form gegossen sind, aber sie tragen Züge einer geistlichen Verwandtschaft (Ravier, 1982, 274). Am deutlichsten wird diese Persönlichkeitsstruktur in dem Text von Ignatius über die Qualitäten des Generaloberen:

Die erste Qualität, die man vom Generaloberen erwarten muß, schreibt Ignatius, ist eine tiefe innere Verbindung mit Gott und eine große Vertrautheit mit ihm im Gebet, so daß Gott auch die Quelle seines Handelns ist.

Wir erkennen in diesem Hinweis die Bedeutung eines geistigen und geistlichen Lebens für diejenigen, die für andere Verantwortung tragen. Sie müssen über hohe Werte verfügen, an denen sie ihr Handeln messen und die ihr Handeln befruchten.

> *„Er (der Generalobere, H. G.) sei jemand, dessen Beispiel in allen Tugenden den übrigen Mitgliedern hilft; und insbesondere muß ihm die Liebe zu allen Nächsten (...) und die wahre Bescheidenheit leuchten, die ihn sehr liebenswert machen“ (St. Ignace, 1967, 230 f.).*

Vorgesetzte und Führungskräfte sind gefordert, die Ziele und Werte des Unternehmens deutlicher und besser zu praktizieren als die anderen Mitarbeiter. Durch ihr Beispiel zeigen sie den anderen, was als gemeinsame Orientierung dient. Außerdem wird von ihnen verlangt, zu allen Mitarbeitern gute Beziehungen aufzubauen, damit diese bereit sind, sich mit der Führung des Unternehmens zu identifizieren. Die Vorgesetzten sollen bescheiden sein und den Untergebenen mit Respekt begegnen, weil gute, vernünftige Entscheidungen nur durch das Zusammenwirken aller gefällt werden können.

> *(der Generalobere, H.G.) muß von allen Leidenschaften frei sein, (...) damit sie ihm nicht innerlich das Urteil der Vernunft*

stören, und er so gemessen sei, daß niemand bei ihm eine Sache oder ein Wort bemerken kann, das ihn nicht erbaute." (ebd.)

Führungskräfte sollen, um ihrer Aufgabe gerecht werden zu können, über sich selber einigermaßen im Klaren sein, sich ihrer eigenen Schwächen bewußt und noch kritikfähig sein, so daß sie in ihren Entscheidungen nicht von irrationalen Bestrebungen bestimmt werden und sie bei allen Auseinandersetzungen, Belastungen und Spannungen doch innere Ausgeglichenheit bewahren und auch dadurch den anderen ein Vorbild sind.

„Zugleich soll er in solcher Weise die notwendige Gelassenheit und Strenge mit der Güte und Milde zu verbinden wissen, daß er sich weder von dem abbringen läßt, wovon er (...) überzeugt ist, noch aufhört, das Mitgefühl zu haben, das angebracht ist" (ebd.).

Führungskräfte sollten über eine solche Verhaltensbreite verfügen, daß sie sowohl Verständnis und Wohlwollen zeigen können als auch Konsequenz.

„Ebenso ist ihm die Großmut und Tapferkeit des Herzens sehr notwendig, um die Schwächen vieler zu ertragen und um große Dinge zu beginnen und in ihnen beständig zu verharren, wenn dies angebracht ist, ohne bei Widerständen den Mut zu verlieren – selbst wenn sie von großen und mächtigen Personen ausgehen – noch sich durch deren Bitten oder Drohungen von dem abbringen zu lassen, was die Vernunft und der Dienst erfordert. Er muß über allen Fällen stehen, ohne sich in den glücklichen emporheben noch in den widrigen im Geist niederdrücken zu lassen (...)" (ebd.).

Es braucht viel Stärke, ein Unternehmen zusammen mit Menschen zu führen, die für das Unternehmen Wertvolles leisten, aber ihrer Schwächen wegen viel Geduld erfordern und doch manches verhindern. Es erfordert Energie, mit eben solchen Menschen für das

Unternehmen „große Dinge zu beginnen und in ihnen beständig zu verharren". Es erfordert viel Kraft, sich bei Widerständen, vor allem wenn sie von mächtigen Instanzen kommen, nicht von seiner Meinung, die auf Vernunft gründet, abbringen zu lassen. Dies gelingt nur mit innerer Distanz zu den Dingen und Ereignissen und mit innerer Unabhängigkeit auch von seinen eigenen Gefühlsregungen.

> *„Er muß mit großem Verstand und Urteil begabt sein, damit ihm weder in den spekulativen noch in den praktischen Dingen, die vorkommen, dieses Talent fehlt. Und wiewohl Gelehrtheit für den sehr notwendig ist, der für so viele Gelehrte verantwortlich sein soll, ist doch noch notwendiger das verständige Urteil und die Erfahrung in den geistlichen und inneren Dingen (…), um viele zu beraten und ihnen Hilfe zu leisten; ebenso auch die Klugheit in den äußeren Dingen und die Fähigkeit, so verschiedene Dinge zu behandeln und mit so verschiedenartigen Personen (…) zu verkehren" (ebd.).*

Hohe Intelligenz und viel Wissen sind gefragt, damit der Vorgesetzte im Umgang mit anderen kompetenter Gesprächspartner bleibt, und zwar in theoretischen wie in praktischen Dingen. Noch notwendiger sei aber das Gespür für das, was angemessen ist, und Erfahrung in inneren Dingen. Auch Menschen in wichtigen Positionen und von hoher Kompetenz sorgen sich, haben Ängste, werden von destruktiven Kräften getrieben, und häufig finden sie niemanden, dem sie sich anvertrauen können, der sie beraten kann. So verbrauchen sie oft viel psychische Energie für ihre unbewältigten Probleme, Energie, die ihnen dann für den beruflichen Einsatz fehlt.

In ihren vielfältigen Aufgaben, die sie in unterschiedliche Situationen führen, müssen sie sich angemessen verhalten, situationsgerecht bewegen. Die Vielfalt und Komplexität der Aufgaben verlangt von ihnen ein Denken in Zusammenhängen und Vernetzungen.

> *„Er sei wachsam und sorgfältig, um anzufangen, und eifrig, um die Dinge zu ihrem Ende und ihrer Vollkommenheit zu*

führen, nicht sorglos und nachlässig, um sie angefangen und unvollkommen liegenzulassen" (ebd.).

Es sind Unbeständigkeit und Orientierungslosigkeit, die als Führungsschwäche große Probleme bereiten. Die ist z. B. der Fall, wenn Methoden und Instrumente eingeführt, aber nicht konsequent umgesetzt werden, wenn Strategien erarbeitet werden, die später nicht verwirklicht werden, wenn Machtstreben und persönlicher Ehrgeiz zu sehr das Verhalten bestimmen.

„Was den Körper betrifft, so ist in bezug auf Gesundheit, Erscheinung und Alter einerseits auf Schicklichkeit und Autorität zu achten, andererseits auf die leiblichen Kräfte, die das Amt erfordert" (ebd.).

Die äußere Erscheinung sollte den Zugang zu anderen und das Sich-Bewegen in verschiedenen Situationen erleichtern. Sie sollte immer dem Kriterium der Bescheidenheit genügen.

„An weiteren Eigenschaften sind solche vorzuziehen, die mehr in diesem Amt helfen. Solche sind gewöhnlich die Vertrauenswürdigkeit, der gute Ruf, und was an anderen Dingen zur Autorität hilft" (ebd.).

In sozialen Systemen braucht es Vertrauen und Autorität. Sie vereinfachen die Zusammenarbeit, gestalten sie effizienter. Wenn das Vertrauen gestört ist, weil jede Mitteilung überprüft werden muß, wird alles mühsamer; wenn die Autorität fehlt, leidet die Gestaltungsmacht in einem Unternehmen.

„Wenn ihm einige der oben genannten Eigenschaften fehlen, soll ihm wenigstens nicht große Güte und Liebe (…) und ein gutes Urteil zusammen mit guter Wissenschaft fehlen. Denn in dem übrigen können die Hilfen, die er haben soll (…), viel ersetzen" (ebd.).

Drei Eigenschaften sind demnach unerläßlich für eine Führungskraft: tiefes Verständnis und Wohlwollen für die Menschen, für die sie Verantwortung trägt, ein Gespür für wechselnde Situationen und hohe fachliche Kompetenz. Dort, wo ihre Schwächen liegen, soll sie die Klugheit besitzen, sich mit Mitarbeitern zu umgeben, die diese durch ihre Kompetenz ausgleichen. Erforderlich ist, kritikfähig zu bleiben und sich beraten zu lassen.

Diese Beschreibung der Qualitäten des Generaloberen des Jesuitenordens entwirft das Persönlichkeitsprofil derer, die in diesem Unternehmen zu Führungsaufgaben berufen werden, nachdem sie eine lange und anspruchsvolle Prüfungs- und Bewährungszeit durchlaufen haben. Da eine bestimmte Führungsposition immer nur für jeweils sechs Jahre übernommen werden kann, ist gewährleistet, daß neue Führungskräfte aus anderen Erfahrungsbereichen neue Impulse bringen und sich die Führungskompetenz im Orden verbreitet. Führungskompetenz beinhaltet folgende Einzelfähigkeiten:

- die Werte und Ziele des Unternehmens als lebendes Beispiel verkörpern;
- die Fähigkeit, gute und vertrauensvolle Beziehungen herzustellen, ohne dabei Autorität einzubüßen;
- persönliche Bescheidenheit;
- der Primat der Vernunft und das Aufarbeiten persönlicher irrationaler Beweggründe;
- Kraft und Mut bei Widerständen und innere Gelassenheit bei wechselnden Erfahrungen;
- hohe fachliche Kompetenz und ausgeprägtes Wissen;
- beständiges und konsequentes Verfolgen der vereinbarten Ziele;
- persönliche innere Erfahrung, um auch andere beraten zu können.

Diese Qualitäten sind in einem Unternehmen gefragt, das über fünf Jahrhunderte besteht, das von Anfang an weltweit und interkulturell tätig war, das dazu beitragen möchte, mehr Qualität in das Leben der

Menschen zu bringen, und dabei unablässig nach besseren Lösungen strebt und zur Vergeistigung der Welt beitragen will.

Warum gelingt hier, was noch keinem Unternehmen über einen so langen Zeitraum hinweg gelungen ist, nämlich den eigenen Bestand zu sichern, sich bei kontinuierlicher Identität der sich verändernden Umwelt immer wieder neu anzupassen und an Selbsterneuerungskraft nicht nachzulassen? Was ist das Geheimnis dieses Erfolges? Wir haben schon Antworten gefunden: die Institutionalisierung von Metareflexion in der Organisation, die Philosophie der Suche nach der besseren Lösung, die große Sorgfalt in der Personal- und Führungskräfteauswahl, außerdem die lange Aus- und Weiterbildung, die wissenschaftliche Qualifikation und die weltweite Orientierung.

Die intensivste Form der Selbsterneuerung findet aber in den von Ignatius von Loyola verfaßten Geistlichen Übungen und den täglichen kritischen Selbstreflexionen statt. Sollte in ihnen die Quelle des Erfolges liegen, dann dürfte nichts zögern lassen, sie allen Führungskräften zugänglich zu machen. Mit betriebswirtschaftlichen Mitteln arbeiten alle Unternehmen. Neue Organisationsformen verbreiten sich in Windeseile weltweit. Ein technischer Vorsprung bei der Produktentwicklung wird schnell eingeholt. Auch Nachahmen bringt keinen nennenswerten Vorteil, da es nur das Bisherige wiederholt. Um besondere Leistungen zu erbringen, brauchen Führungskräfte neue Energiequellen. Die Suche danach ist schon lange im Gange. Yogakurse werden angeboten, Zen-Buddhismus steht auf dem Programm, Überlebenstrainings werden besucht, die Kunst des Bogenschießens ist gefragt, verbunden mit einem Aufenthalt in einem japanischen Kloster. All dies zeugt von dem Bestreben, in anderen Kulturen nach neuen Wegen der Problemlösung zu suchen.

Angesichts der schwierigen wirtschaftlichen Situation und der anstehenden Zukunftsaufgaben fragen wir, ob die Geistlichen Übungen nicht jene neuen Energiequellen erschließen könnten, die wir so dringend brauchen.

Aber ist dies denn legitim? Ignatius hat diese Geistlichen Übungen aufgrund seiner mystischen Erfahrungen und Erlebnisse in Manresa verfaßt und wollte seine Gefährten durch diese Übungen zu ähnlich tiefen Erfahrungen führen. Deshalb ist der Text ganz in der Sprache der Theologie, der Religiosität und der Vorstellungswelt der damaligen Zeit verfaßt. Ist es also legitim, diese Geistlichen Übungen so darzustellen, daß sie Menschen zugänglich werden, die die theologische Sprache nicht kennen, die kirchlichen Lehren nicht teilen und die für religiöse Ansprache nicht zugänglich sind? Nach Aussagen der Theologie ruft der Heilswille Gottes alle Menschen, und zwar in ihrer jeweiligen Wirklichkeit. Gott betrachtet jeden Menschen als Empfänger seiner Botschaft, die in menschlichen Begriffen ausgedrückt ist, also in der für den Adressaten verständlichen Sprache. Die Theologie geht auch davon aus, daß für diese Mitteilung zwischen Gott und Mensch immer Anknüpfungspunkte vorhanden sind. Denn eine Form göttlicher Mitteilung sei immer gegeben, sowohl innerhalb als auch außerhalb des Christentums. Außerdem vertreten Theologen die These, daß eine grundlegende Verwiesenheit des Menschen auf Gott zu seinem Wesen gehört, auch dann, wenn sie nicht ausdrücklich thematisiert wird (Rahner, Vorgrimmler, 1967, 34, 63, 372).

Ist es denn möglich, zu dieser Erfahrungswelt einen Zugang zu finden, ohne damit schon vertraut zu sein? Das Werk des Ignatius enthält einen Schatz menschlicher Erfahrung und Weisheit, der an unsere Erfahrung als Menschen überhaupt anknüpft und uns zum Weiterdenken anregen kann. Eine Bedingung allerdings muß derjenige erfüllen, der sich auf die Erfahrung der Geistlichen Übungen einlassen will: Er darf sie nicht verstehen als eine Veranstaltung der Selbstentfaltung, Selbstbefreiung oder Selbsterlösung. Er muß erkennen, daß es hier um mehr geht als um ihn, daß er sich auf etwas einläßt, was mehr ist, als er ist, das über ihn hinausweist, und daß sich ihm diese Erfahrung in narzißtischer Selbstbezogenheit nicht erschließen kann.

4. Die Geistlichen Übungen als Quelle des Erfolges

Die Gründung des Jesuitenordens und die Ausarbeitung der Ordenssatzung sind das Werk des Ignatius, das aber nicht ohne seine ersten Gefährten denkbar ist. Die Geistlichen Übungen, die Voraussetzung für alles andere sind, beruhen ganz allein auf seiner persönlichen Lebenserfahrung. Dehalb wenden wir uns zunächst dem Werdegang dessen zu, der aus seiner reichen menschlichen und geistlichen Erfahrung dieses Werk hervorgebracht hat.

Ignatius von Loyola

Inigo Lopez de Loyola wurde 1491 als dreizehntes Kind einer uradligen Familie im Baskenland geboren. Er wurde in eine Zeit großer Veränderungen hineingeboren. Auf der iberischen Halbinsel entstand durch die Heirat der Könige Ferdinand und Isabella ein zusammenhängendes Reich. In Granada wurden 1492 die Moslems endgültig besiegt. Neapel wurde erobert und Amerika entdeckt. In Deutschland begann die Reformation ihren Siegeszug. Ab 1516 herrschte Karl V. über ein Reich, in dem die Sonne nicht unterging. Es war auch eine Zeit, in der im Land Friede, Ordnung und Recht herrschten und gleichzeitig eine Hochstimmung verbunden mit Sendungsbewußtsein. Die Geisteswelt war von ungeahnter kultureller Vielfalt geprägt. Orientalische Mystik aus Judentum und Islam verbanden sich mit abendländischer Philosophie und Literatur. Es war die Zeit von Cervantes, Calderon, El Greco, Velasquez. In diese Zeit wurde Inigo de Loyola hineingeboren (Rahner, 1964, 15 f.).

In den adligen Familien war es üblich, daß der Erstgeborene für die Nachfolge des Vaters vorgesehen war und die Nachgeborenen die Wahl zwischen Militär und Klerus hatten. Inigo, zunächst für den Klerus vorgesehen, entschied sich dennoch für das Militär. Am Hofe eines Verwandten erhielt er eine standesgemäße Erziehung: höfische Bildung, gewandtes Schreiben, ritterliche Künste. Er sammelte Erfahrung in der Verwaltung, wurde mit dem Hofleben vertraut, entwickelte Organisationstalent, erwarb Führungsqualitäten und schulte sich im gewandten Umgang mit Königen, Fürsten und Kardinälen. Familienbindung, persönliche Freundschaften, Geldgier, Ehrgeiz, Intrigen, Mord kennzeichneten die eine Seite dieser Gesellschaft, die andererseits nach hohen religiösen und ethischen Zielen leben wollte.

Widersprüchlichkeit bildet entsprechende Qualitäten bei den Menschen aus, die mit ihr leben müssen: Fähigkeit zur Menschenbeobachtung, die nicht nur über Absichten anderer Menschen Rechenschaft gibt, sondern den Beobachter miteinbezieht. Ignatius' Verhalten im gesellschaftlichen Umgang sollte durch diese Fähigkeit bestimmt werden. Die Literatur- und Kulturformen des höfischen Milieus waren ihm vertraut. Vorsicht, kluges Vorgehen und Zurückhaltung sind dauernd zu beobachten. Dies bedeutet Zügelung der Affekte um bestimmter Zwecke willen, Maß in Etikette, Zeremoniell, Kleidung und selbst Konversation. Ignatius vertrauter Umgang mit der höfischen Welt Europas, seine Menschenkenntnis und die Fähigkeit vorauszudenken sind nicht denkbar ohne seine Zeit in Kastilien und Navarra.

Er selbst schreibt über diese Zeit: „Bis zum 26. Jahr seines Alters gab er sich ganz der irdischen Eitelkeit hin. Waffenübungen waren seine größte Lust, und sein ganzes Verlangen ging darauf, sich Ruhm und Ehre zu erwerben“ (zit. nach Rahner, 1964, 17 f.).

Später steht er im Dienst des Vizekönigs von Navarra. 1521 kommt es zur Belagerung der Festung Pamplona durch die Franzosen. Inigo rät dem Kommandanten zum Widerstand trotz aussichtsloser Lage.

Ein Kanonenschuß zerschmettert sein Bein. Er überlebt wie durch ein Wunder, muß sich ohne Betäubung mehreren Operationen unterziehen, um kein Krüppel zu bleiben, und erkennt, daß seine militärische Laufbahn beendet ist, ohne daß er durch eine Heldentat auf den Gipfel des Ruhms gelangte. Inigo liegt wochenlang im Streckverband, zunächst zwischen Leben und Tod, dann mit schweren Schmerzen. Er liest Bücher, weil nichts Spannenderes zu haben war, über Franziskus und Dominikus, und es taucht in ihm die Überlegung auf, ob dies nicht auch für ihn ein Weg wäre, etwas Ungewöhnliches zu bewirken, wenn er schon auf dem bisherigen Weg gescheitert ist. Er gibt sich nicht geschlagen, resigniert nicht, sondern kämpft weiter; seine ungewöhnlichen psychischen Kräfte inspirieren ihn zu neuen Leistungen, die er noch nicht kannte. Auf dem Krankenlager ist er noch hin- und hergerissen; das bisherige Leben mit seinen Freuden und das neue Leben mit seinen Verheißungen liegen im Streit. Dieser Kampf zwischen den verschiedenen Bestrebungen wird später eine wichtige Rolle spielen.

Schließlich trennt er sich von seinem früheren Leben. Er verläßt das väterliche Schloß, zieht nach Montserrat, legt dort in einer Kirche vor einem Marienbild seine Waffen nieder, verkauft seine Kleider und legt ein Pilgergewand an. Er will von jetzt an und immer ein echter Pilger sein. Von Montserrat geht es weiter in ein kleines Städtchen namens Manresa, wo ihn niemand kennt.

Manresa ist der weltgeschichtliche Ort, an dem an der Schwelle einer neuen Zeit aus Inigo eine bedeutende Persönlichkeit dieser modernen Zeit wird, eine der großen Gestalten der katholischen Kirche. Hier geht sein inneres Leben von den Tiefen der furchtbarsten Trostlosigkeit bis zu den Höhen mystischen Entzückens. Wird ihm die Traurigkeit genommen, dann staunt er: „Was ist das für ein neues Leben, das ich da anfange?“ Ignatius pflegt sein Äußeres nicht mehr, er fastet schonungslos und bettelt um seinen Unterhalt. Er bricht mit vielem, was ihm bisher viel bedeutet hat. Offenbar muß man auch etwas verlassen, verlernen, leer werden, damit etwas Neues beginnen kann.

Den Höhepunkt seiner Wandlung erfährt Ignatius in einer kleinen Kirche am Fluß Cardonér bei Manresa. Er schreibt darüber: „Wie er nun dort saß, begannen die Augen seines Geistes sich zu öffnen, nicht zwar in dem Sinn, daß er eine Erscheinung gehabt hätte, sondern indem er viele Fragen erfaßte und erkannte, sowohl solche, die das geistliche Leben, als auch solche, die den Glauben und die Wissenschaft betreffen. Und dies war mit einer so großen Erleuchtung verbunden, daß ihm alles neu schien“ (ebd.). Von dieser Erfahrung her lebte er, wie er selber sagt, all die kommenden Jahre bis zu seinem Tod.

Was danach folgt, ist nur das bedächtige Ausführen dessen, was er am Cardonér erfahren hat. Zunächst macht er seine Pilgerreise nach Jerusalem. Danach will er sich einsetzen für das Reich Gottes in Gestalt der Kirche. Daß sein neues Leben nicht aus Mystik und Weltflucht besteht, wird daran erkennbar, daß er mit 33 Jahren in Barcelona auf die Lateinschule geht. Dann folgen die Studienjahre in Salamanca und schließlich sieben Jahre Philosophie und Theologie in Paris.

1534 legt er zusammen mit Freunden in einer Kapelle auf dem Montmartre ein Versprechen ab, sich gemeinsam und in aller Armut ganz dem Dienst am Reich Gottes zu widmen. Sie versprechen sich damals, sich nach dem Studium dem Papst für jegliche Arbeit im Reich Gottes zur Verfügung zu stellen. 1537 wird Ignatius zum Priester geweiht. Im November desselben Jahres zieht er nach Rom, das er bis zu seinem Tod 1556 nicht mehr verlassen wird. 1539 beschließen Ignatius und seine Gefährten, einen Orden zu gründen. Es beginnt die Zeit der Ausarbeitung der Ordensverfassung und ihrer Annahme durch den Papst. Ignatius verschwindet hinter seinem Werk und ist nur noch für den Orden da. Außerdem kümmert er sich in Rom um die Juden, die Prostituierten, um Krankenhäuser und Schulen. Einflußreiche Persönlichkeiten begeben sich unter seine geistliche Leitung, darunter Margarete von Österreich, die Tochter Karls V. Ignatius' Hauptwerk ist die Ordensverfassung. Seit 1544 arbeitet er daran. Im Winter 1550/51 finden die entscheidenden

Sitzungen mit den Gefährten statt, die sie in der spanischen Fassung billigen. Die folgenden Jahre dienten ihrer Bekanntgabe, Erläuterung und Erprobung. Immer war Ignatius bereit, Änderungen vorzunehmen, stets auf der Suche nach der besseren Lösung.

Der rücksichtslose Umgang mit seiner Gesundheit in Manresa hatte ihm ein quälendes Magenleiden eingebracht, das ihn nie mehr ganz verließ. Die Einführung der Ordensverfassung, die vielseitigen Anforderungen seiner inzwischen die ganze Welt umspannenden Tätigkeit der Ordensleitung, die 7000 Briefe, die er während seiner Amtszeit geschrieben hat, dies alles ließ seine angeschlagene Gesundheit ermüden.

Am 30. Juli 1556 fühlte Ignatius seinen Tod nahen. Er bat seinen Sekretär, zum Papst zu gehen, um für ihn um dessen Segen zu bitten. Der Sekretär hatte Ignatius schon öfter in todmüdem Zustand angetroffen und wollte diesen Gang auf den nächsten Morgen verschieben. Als man am nächsten Morgen nach Ignatius schaute, lag er schon im Sterben. Sein Sekretär eilte zum Papst. Als er zurückkam, war Ignatius schon tot. Einsam und unbemerkt war er davongegangen (Rahner 1964, 17 f.).

Ein Wort prägte das Leben des Ignatius entscheidend: Gott. Eine Idee, die über ihn hinausweist, die unendlich viel mehr ist als er. Die Hingabe daran steht am Anfang der Geistlichen Übungen als Ausgang aus sich selbst und als Entschlossenheit, für diese Hingabe auch persönliche Neigungen aufzugeben. Es ist der entschiedene Wille, Schwierigkeiten zu überwinden, und wären es Berge. Es ist eine Mystik der Tat.

Von Manresa bis Rom hat sich Ignatius vom Einsiedler zum Organisator gewandelt, vom destruktiven Asketen zum differenzierenden Strategen. In Manresa hat er viele Stunden im Gebet verbracht. Später sagt er, daß jemand, der sich in Zucht nimmt, in einer Viertelstunde Betens mehr erreicht als einer, der sich gehen läßt, in vielen Stunden.

Das Geheimnis seiner Entwicklung ist der Gottesgedanke als Mittelpunkt seines Lebens, der ihm diese innere Freiheit verlieh, jenes Bewußtsein, daß es um viel mehr geht, daß das Wesentliche viel größer ist. In dieser inneren Haltung ist alles nur Weg zum Ziel. Dies führt auch zu einer staunenswerten Verbindung scheinbarer Gegensätze in diesem großen Charakter. So verwandelt sich der gewaltsame Asket, der in Höhlen wohnt, zu der aristokratischen Gestalt, Vorbild seiner Schüler, Berater und Freund von geistlichen und weltlichen Fürsten. „Gott in allem finden", d. h. in allen Verrichtungen und Arbeiten, bedeutet, alles gewinnt eine neue Bedeutung, einen tieferen Sinn, wird Mitwirken an einer großen Aufgabe.

Über die Liebe schreibt Ignatius, daß sie „ständig gerichtet sei, alle Äußerungen des Mitmenschen eher richtig zu deuten als sie zu verurteilen, nichts für sich selbst verlangend, weil in Gott überreich und zufrieden, immer nur darauf bedacht, das Bessere anderen zuzuwenden, im Herzen alle andern höher achtend als sich selbst und jedem Ehrfurcht erweisend nach seinem Stand, in Einfachheit und heiligem Maß, im inneren Beten immer wachsend und lobpreisend Gott den Herrn, den ein jeder im andern als seinem Bilde liebend schauen soll" (ebd.).

Ignatius verlangte viel von jedem, selbst Ungewöhnliches, bei aller Liebenswürdigkeit und Güte, nicht so sehr durch Befehl als durch Vertrauen. „Ihr dürft nur mit dem jeweils Besseren zufrieden sein!" ruft er seinen Freunden zu. Nicht dadurch glaubt er Anhänger zu gewinnen, die wertvoll sind für seine Ideale, daß er die Bedingungen niedrig hängt, sondern indem er zu ungewöhnlichen Leistungen herausfordert.

Ausbildung am Hof, Militärlaufbahn, Scheitern, Krise, Neuorientierung, Büßer und Asket, Pilger, Student, Gründer einer Organisation von welthistorischer Bedeutung, Mystiker – was macht es aus, daß ein Mensch über ein so breites Persönlichkeitsrepertoire verfügt, über eine so ausgeprägte Lernfähigkeit und eine so unerschöpfliche Energie, die ihn auch vor Widerständen nicht verzagen läßt?

Einführung in die Geistlichen Übungen

Die Geistlichen Übungen, wie Ignatius von Loyola sie verfaßt hat, führen in das Wesen des Ordens ein und begründen seinen Erfolg über fünf Jahrhunderte. Sie vermitteln Methoden der Selbsterneuerung beim Einzelnen und in dem sozialen System Jesuitenorden, so daß gleichzeitig Unterscheidung vom Umfeld und Anpassung an das Umfeld immer wieder neu geleistet werden können.

Der Jesuitenorden und mit ihm die Geistlichen Übungen waren eine Antwort auf zwei existentielle Bedrohungen für die Großorganisation Kirche. Die Gefahr des Zerfalls von innen war seit dem 12. Jahrhundert erkannt und drückte sich im Ruf nach einem Reformkonzil und in der Forderung nach einer sich ständig erneuernden Kirche aus. In dieser war aber die Kraft zur Selbsterneuerung über Jahrhunderte erloschen. Daraus entstand auch die zweite Bedrohung, die von außen auf die Kirche einwirkte: die Reformation als Auflösung des bisherigen Systems Kirche und Gefährdung seiner Existenz insgesamt durch die kraftvolle Bewegung der jungen protestantischen Kirche.

Wirtschaftsunternehmen sehen sich heute ähnlichen Bedrohungen gegenüber. Selbsterneuerung von innen ist mühsam, bleibt oft Symptombehandlung, die Widerstände sind enorm. Ebenso die Bedrohung von außen: Unternehmen können sich nur noch behaupten, wenn sie gegen den Wettbewerb auf dem Weltmarkt antreten können. Dort treffen sie im asiatischen Raum auf junge Wirtschaftsmächte von neuer Dynamik und ungeahnten Potentialen.

Es heißt, daß Wettbewerbsvorteile durch technischen Vorsprung nur kurzfristig dauern. Kundendienst und Serviceleistung sind keine Verkaufsargumente mehr, sondern Selbstverständlichkeit. An Kostensparmaßnahmen und Effizienzsteigerungsprogrammen arbeiten alle, so daß die Unterschiede immer geringfügiger werden. Neue Organisationsmodelle verbreiten sich in Windeseile um die Welt.

Unternehmen, die sich am Weltmarkt erfolgreich behaupten wollen, müssen in der Lage sein, zusätzliche Energien zu erschließen, Kraft aus anderen Quellen zu schöpfen, mit einer gewissen Leichtigkeit sich selbst erneuern zu können.

Von den Anforderungen an Führungsqualitäten, den persönlichen Verhaltens- und Vorgehensweisen des Ignatius von Loyola, von den Organisationsprinzipien des Jesuitenordens, aber vor allem von seiner Methode der Selbsterneuerung in den Geistlichen Übungen versprechen wir uns Hinweise auf andere Wege, die auch Unternehmen in unserer Zeit beschreiten können, um Krisen zu meistern und neue Energien zu gewinnen.

Ignatius hat die Übungen, die auf seiner persönlichen geistlichen Erfahrung beruhen, in einer sparsamen Sprache verfaßt. Jedes Mitglied des Ordens macht diese Übungen zweimal im Verlauf seines Ordenslebens: zu Beginn, als Einführung in die Gesinnung und Handlungsweise des Ordens und zwölf bis vierzehn Jahre später, am Ende der gesamten Ausbildungs- und Studienzeit und als Beginn der eigentlichen Tätigkeit. Diese Übungen dauern dreißig Tage und finden in völliger Abgeschiedenheit und ohne äußere Ablenkung statt. Der Übende verbringt diese Zeit schweigend, spricht nur gelegentlich mit dem Leiter und verbringt täglich viele Stunden in Meditation. Er soll sich ganz seinen inneren Erfahrungen zuwenden und sie durcharbeiten. Obwohl die „Geistlichen Übungen" keine leichte Lektüre darstellen und sehr nüchtern geschrieben sind, haben sie eine weltweite Verbreitung erfahren und zu etwa 1500 Kommentaren angeregt. Dieser Fülle von Interpretationen wollen wir hier keine weitere hinzufügen, sondern vielmehr aus einzelnen davon diese oder jene Betrachtungsweise herausgreifen.

Die Geistlichen Übungen stellen einen Weg dar, wichtige, weichenstellende Entscheidungen im eigenen Leben zu treffen, aber auch ganz konkrete Fragen des praktischen Lebens zu klären, sowohl privat als auch beruflich. Durch sie soll den Entscheidungen eine besondere Qualität gegeben werden, vor allem dann, wenn sie den Erfolg des Unternehmens betreffen.

Roland Barthes (1971, 43 f.) sieht in den Geistlichen Übungen den Versuch, eine neue Sprache zu schaffen, die es erlaubt, mit dem Göttlichen zu kommunizieren. Sie soll neue Erkenntnisse eröffnen und tiefere Schichten des Bewußtseins und damit neue Energiequellen erschließen. Um diese Sprache hervorzubringen, sind einige Voraussetzungen erforderlich:

Derjenige, der sich den Geistlichen Übungen unterzieht, den also eine wichtige Frage bewegt oder der nach einer Lösung für ein großes Problem sucht, muß sich zurückziehen von äußeren Ablenkungen und sich einer Leere aussetzen, um so Raum zu schaffen für das Neue, das entstehen soll. Kein Lärm, kein helles Licht, Einsamkeit bilden die unerläßlichen Voraussetzungen dafür, daß der Prozeß beginnt, aus dem die neue Sprache hervorgeht, durch die Neues erkannt und bewirkt werden soll. Dieser Prozeß ist einer höheren Ordnung unterworfen, die von dem Leiter der Geistlichen Übungen vertreten wird. Dieser ist dabei als Person unbedeutend, er steht nur für den Ablauf der Übung gemäß einer übergeordneten Regel.

Die Geistlichen Übungen vollziehen sich gemäß einer verzögernden Struktur, einer Geschichte, deren Ausgang offen ist und die den Fragenden Ungewißheiten aussetzt, so daß er die Erfahrung des Mangels macht, die Erfahrung, daß ihm etwas fehlt. Dies kommt dadurch zustande, daß das Büchlein von Ignatius drei Texte enthält:

- einmal den Text, in dem sich Ignatius an den Leiter wendet,
- dann den Text, mit dem sich der Leiter an den Übenden wendet,
- schließlich den Text, mit dem sich dieser an das Göttliche wendet, um von dort die Botschaft zu empfangen, nach der er sucht, also den Text, in dem die neue Sprache auftaucht.

Der Text des Buches ist demnach wie über Relaisstationen aufgebaut:

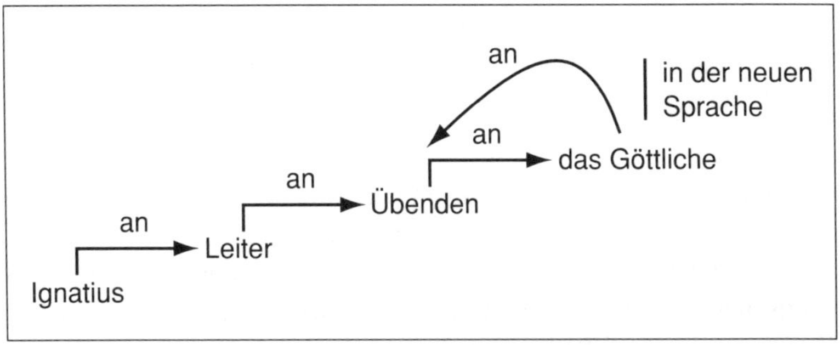

Der Aufbau der Geistlichen Übungen

So besteht der Weg der Geistlichen Übungen darin, über die verschiedenen Texte von Relaisstation zu Relaisstation aufzusteigen, bis sich in einer neuen Sprache, in einem besonderen Zeichen, ein neuer Sinn mitteilt.

Welche Funktion hat diese verzögernde Struktur des Textes in Form von Relaisstationen, wo jeder empfängt und weitergibt, statt zielstrebig zu überbringen?

An jeder Relaisstation ergeben sich zwei Ungewißheiten:

- Die erste ergibt sich daraus, daß der Text der Geistlichen Übungen an den Leiter gerichtet ist und nicht an den Übenden, der nichts im voraus von den bevorstehenden Erfahrungen wissen soll. Er ist in der Situation des Lesers einer spannenden Geschichte, deren Ausgang offen ist, die ihn aber ganz persönlich betrifft, weil er in dieser Geschichte, deren Elemente man ihm allmählich mitteilt, selbst handelnde Person ist.
- Die zweite Ungewißheit ruht in der Frage: Wird die Sprache des Übenden das Göttliche erreichen und wird es seinerseits in einer Sprache zu ihm sprechen, die er entschlüsseln kann?

So enthält der Text der Geistlichen Übungen etwas Dramatisches. Es liegt darin, daß der Übende mit jemandem zu vergleichen ist, der spricht, ohne das Ende des Satzes zu kennen, den er begonnen hat. Er erlebt die Unvollständigkeit der Sprache, ihre Offenheit. Diese Ungewißheit, die Leere und der Mangel, die der Übende erlebt, schaffen wiederum den Raum, in dem das Neue möglich wird.

Die Sprache, die Ignatius schaffen will und die zwischen dem Menschen und dem Göttlichen vermitteln soll, ist dadurch charakterisiert, daß sie eine Sprache des Fragens ist. Sie besteht aus den Fragen des Menschen und der zu entziffernden Botschaft des Göttlichen. Die Fragen sind in binärer Form zu stellen:

- Soll ich diese Firma kaufen oder nicht? Ist diese Organisationsform für meine Firma richtig oder nicht?
- Eignet sich der Bewerber für diese Aufgabe oder nicht?
- Dabei gibt es wie in jedem Entscheidungsbaum immer wieder Abzweigungen, wo beide Möglichkeiten zu überprüfen sind und die eine und nicht die andere gewählt werden muß, von einer binären Situation zur nächsten.

Diese binäre Form findet sich in der von Ignatius gesuchten Sprache als Frage und Antwort und als Wahl zwischen Ja und Nein wieder. Diese Wahl ist Angelpunkt und Zentrum der Übungen. Der Übende wählt in einem Akt der Freiheit diese oder jene Verhaltens- oder Handlungsweise gemäß dem, was er als Willen Gottes erkannt hat. Eine Wahl zu treffen, eine Entscheidung zu fällen ist die Funktion der Geistlichen Übungen. Diese Wahl ist ganz praxisbezogen. Ignatius gibt selbst Beispiele dafür: Berufswahl, persönliche Lebensweise, Vermögensfragen, Fragen des Einkommens, Fragen der Führung einer Institution und Fragen des sozialen Engagements.

Bei dieser Wahl tritt ein Moment auf, wo es um ein Ja oder ein Nein geht, darum, eine Entscheidung so oder nicht so zu fällen. An diesem extremen Punkt soll die Antwort des Göttlichen erfolgen. Es handelt sich also weniger um die Beratungsfrage: „Was soll ich tun?“ als vielmehr um die letztendlich jede Praxis bestimmende Entscheidung zwischen „so“ oder „nicht so“.

Ignatius sucht danach, den Willen Gottes zu finden: „Was ist zu dieser Zeit und unter diesen konkreten Umständen die bessere Entscheidung?“

Die Geistlichen Übungen enthalten wenig bildhafte Beschreibungen. Sie sind in dieser Hinsicht eher karg und dürftig. Ignatius will keine vorgefertigten Bilder liefern, sondern die Vorstellungskraft des Fragenden fördern und alles von ihm fernhalten, was ihn von seinem Anliegen ablenkt. Deshalb leitet er auch dazu an, bei den Übungen die Sinnesorgane einzusetzen, sich bildhaft vorzustellen, worüber nachgedacht wird, zu hören, zu schmecken, zu riechen und zu fühlen. Alles soll dem einen Ziel dienen, die Sprache zu finden, in welcher mehr erfahren werden kann und mehr erkennbar wird als im Üblichen; die Sprache, in der sich das ganz Andere zum Ausdruck bringen kann.

Die Vorgehensweise der Geistlichen Übungen besteht in Unterscheidungen, in Differenzziehungen als Grundlage aller Meinungsbildung und Entscheidungsfindung für jede Art von Aussage, denn sie begründet die Sprache selbst. So teilt Ignatius die Geistlichen Übungen in Wochen, Tage, Übungen und Anmerkungen ein. Sie unterteilen, klassifizieren, numerieren, sondern aus, grenzen ab, bewerten. Dieses Netz von Unterscheidungen dient dazu, die ganze geistige Welt während der Übungen zu besetzen und nur nach dieser neuen Sprache zu streben.

Die Übungen stellen auch ein System von Gegensätzen dar, vor die der Übende gestellt wird und wo er jeweils eine Entscheidung zu treffen hat: Wohin will ich streben, hierhin oder dorthin, was will ich wählen, dieses oder jenes? Es ist wie ein Entscheidungsbaum, der eine Frage in eine Sprache umwandelt, auf die das Göttliche mit einem Zeichen antwortet.

Die neue Sprache, die neuen Erfahrungen und Erkenntnisse stellen sich nicht durch Eile und oberflächliches Vorgehen ein. Deshalb spielt die Wiederholung eine große Rolle. Ignatius empfiehlt, ein Thema wieder und wieder aufzugreifen und es immer wieder zu überdenken, zu vertiefen, durchzuarbeiten.

Roland Barthes beschreibt das Mittelalter als eine Zeit, in der das Gehör das bedeutendste Sinnesorgan war. Dann kam es zu einer Wende. Zu Beginn der Moderne, dem Jahrhundert des Ignatius, wird das Auge zum wichtigeren Wahrnehmungsorgan. Da die Kirche ihre Autorität auf die Rede gründete und den Glauben auf das Hören, bestand die Gefahr eines Widerspruchs zwischen der neuen Wahrnehmungsweise durch das Sehen und dem alten Glauben. Ignatius möchte aber das Bild im bisherigen Glauben als neue Einheit der zu schaffenden Sprache begründen. Die Bedenken waren groß, denn das Sehen wird mit Sinnlichkeit in Verbindung gebracht. Außerdem ist es dem Unbewußten nahe mit allem, was sich dort bewegt. Aber Ignatius antwortet auf alle Vorbehalte mit einer radikalen Bejahung des Bildes, verbindet das Bild mit Sprache und schafft so eine neue Einheit. Damit verbindet er Tradition und Moderne, Hören und Sehen, Sprache und Bild, Bewußtes und Unbewußtes in dieser neuen Sprache.

Andererseits bemühen sich die Geistlichen Übungen, Zerstreuung und Ablenkung durch themenfremde Bilder zu bekämpfen, die das Denken belästigen. Aber noch vielmehr wenden sie sich gegen das Fehlen von Phantasievorstellungen. Es ist, als ob Ignatius sich bemühen würde, das Bewußtsein des Übenden mit Bildern anzureichern, während Mystiker und Buddhisten es von ihnen befreien wollen. Es heißt, daß psychosomatische Krankheiten bei Menschen auftreten, die unfähig sind, Phantasien zu entwickeln. Ignatius empfiehlt dem Übenden, sich darum zu bemühen, Bilder im Bewußtsein auszulösen, in einem ausgetrockneten und schemenhaften Geist, und in ihm eine Kultur der Phantasie zu entwickeln. Diese Kultur der Phantasie bedeutet Ignatius mehr als jene fundamentale Leere, wo jemand nichts zu sagen weiß, an nichts denkt, sich nichts vorstellt, nichts empfindet und an nichts glaubt. Die Geistlichen Übungen wollen den Menschen eine neue Sprache erarbeiten lassen, die aus einer Verbindung von Sprache und Bildern, von Denken und Phantasie besteht.

Mit der Sprache des Fragens, die Ignatius dem Übenden anbietet, versucht dieser eine Antwort auf ein Problem zu erhalten. Wie erfolgt nun diese Antwort? Welches ist die Sprache des Göttlichen?

Zunächst bereiten die Geistlichen Übungen darauf vor, alles wegzuräumen, was die Überlegungen beeinträchtigt, um eine gleichwertige Alternative herzustellen zwischen den beiden Polen der Entscheidung: „Soll ich mich für diese Vorgehensweise entscheiden oder nicht, ist dieser Weg der bessere oder nicht?“

Angesichts einer solchen Alternative kann sich das Zeichen des Göttlichen kundtun. Seine Rolle ist es dabei, einen der beiden Begriffe der binären Struktur zu betonen. Einer von den beiden gegebenen Begriffen wird vor dem anderen gekennzeichnet, so daß die Botschaft sich mitteilt. Das Göttliche betont einen der beiden Pole, die ihm der Fragende anbietet, und dieses ist dann die Antwort.

Aufgabe des Übenden ist es nicht, zu wählen, sondern eine Alternative von vollkommener Gleichwertigkeit anzubieten. Je ebenbürtiger die Alternativen sind, je mehr er sich von seinen Vorlieben befreit hat, um so größer ist die Gewähr, daß die Betonung, die schließlich stattfindet, göttlichen Ursprungs ist. Die Gleichwertigkeit der Alternativen setzt die ignatianische Indifferenz voraus, d. h. eine innere Verfügbarkeit der Fülle von Möglichkeiten gegenüber. Es ist, wie wenn es darum ginge, eine Waage von höchster Sensibilität zu konstruieren. Ignatius formuliert es in seiner Sprache so, daß er ohne ungeordnete Abhängigkeit von etwas sein will. Das bedeutet: Er will weder dazu neigen, etwas zu nehmen, was ihm angeboten wird, noch dazu, es zu lassen. Vielmehr will er sich wie ein Zeiger einer Waage fühlen, dabei immer feinfühliger werden für die Zeichen des Göttlichen. Immer wieder weist er darauf hin, wie wichtig es ist, das Gleichgewicht zwischen beiden Alternativen herzustellen und jegliche Vorliebe abzulegen. Wenn dieses Gleichgewicht hergestellt ist, wie wird das Göttliche den Zeiger der Waage bewegen, wie wird es einen Begriff der Wahl kennzeichnen?

Die Äußerungen des Göttlichen finden vorwiegend auf der Ebene des Körpers statt – als Ort, an dem sich die Phantasien äußern. So fällt die Wahl zugunsten jener Alternative, bei welcher der Körper des Fragenden in besonders intensiver Weise reagiert: tiefe Gefühle bis hin zu Tränen, starke innere Ruhe, große geistige Klarheit, das Gefühl der Leichtigkeit, der Wärme, der Nähe, des Lichtes, besonders deutliche Wahrnehmungen und Erkenntnisse.

In diesen Zustand zu führen, das ist das Anliegen der Geistlichen Übungen. Die innere Aufgeschlossenheit und den Phantasiereichtum zu schaffen ist Arbeit des Fragenden. Seine Indifferenz den Alternativen gegenüber ist Vorbedingung für das Finden der Antwort.

Diese Vorgehensweise macht das Wesen des Jesuitenordens aus. Sie hat ihn als Unternehmen nicht vor Niederlagen bewahrt, er handelt nicht allein in der Welt, aber er konnte seinen Bestand über Jahrhunderte sichern, seine Aktualität und Selbsterneuerungskraft bewahren.

In Zeiten besonderer Herausforderungen hängt von der Qualität der Entscheidungen, die ein Unternehmen trifft, vielfach seine Zukunft ab. Die Geistlichen Übungen des Ignatius sind ein Weg, wichtigen Entscheidungen eine besondere Qualität zu verleihen, indem in ihnen eine Sprache geschaffen wird, durch die auch das Göttliche im Entscheidungsprozeß zu Wort kommt.

Vorbereitung der Geistlichen Übungen

Um die Geistlichen Übungen in ihrer ganze Tiefe zu erleben, ist die Begleitung durch einen erfahrenen Leiter erforderlich, der selber diesen Weg gegangen ist. Außerdem erschließt sich dieser Weg in seiner ganzen Dimension eher demjenigen, der diese Übungen in ihrer ungekürzten Form, also mit einer Dauer von 30 Tagen, und mit ihren religiösen Inhalten kennenlernt. Eine gute Erfahrung mit der Leitung dieser Übungen ist deshalb so wichtig, weil sie bei den Übenden tiefe Schichten ihrer Persönlichkeit berühren und oft weitreichende Folgen für die persönliche Entwicklung haben können. Da ein erfahrener Jesuitenpater als Leiter jedoch nicht immer zur Verfügung steht, geht es darum, Formen der Übungen zu finden, die diese Erfahrungen auch auf andere Weise ermöglichen. Unbestritten ist, daß eine persönliche Anleitung hilfreich ist. Aber die Übungen enthalten doch so viel Gedankenreichtum und menschliche Weisheit, daß sie auch bei einem Leser noch viel bewirken können. Immer ist es wichtig, sich in einem Umfeld der Stille und Konzentration mit diesen Übungen zu beschäftigen und sich dann auch mit dem Essen und Trinken zurückzuhalten. Die körperliche Verfassung darf weder durch Essen oder Alkohol noch durch Erschöpfung beeinträchtigt sein. Wichtig ist zudem, die verschiedenen Phasen der Geistlichen Übungen, die aufeinander aufbauen, mit einer gewissen Regelmäßigkeit in Form von Meditationen nachzuvollziehen. Der eine kann sich über mehrere Wochen hinweg jeden Abend Zeit für eine Meditationsübung nehmen, der andere findet an mehreren Wochenenden eher Gelegenheit dazu, ein dritter findet vielleicht nur einmal in der Woche die Ruhe zum Meditieren.

In den folgenden Abschnitten wollen wir die einzelnen Phasen der Geistlichen Übungen vorstellen und Sie dazu einladen, diese jeweils anhand einzelner Meditationen nachzuvollziehen.

Bei den Übungen ist die Meditationshaltung einzunehmen. Nach jeder Übung sollte in ein besonderes Heft, mit Datum versehen, das eingetragen werden, was in dem Übenden während der jeweiligen Phasen vorgegangen ist. Um es noch einmal zusammenzufassen: Stille, gute körperliche Verfassung, Regelmäßigkeit der Übungen und Einhalten der vorgegebenen Reihenfolge, dies sind die wichtigsten Bedingungen, um die Geistlichen Übungen erfolgreich nachzuvollziehen.

Die Geistlichen Übungen bestehen aus Meditationen. Dieses Wort stammt von dem lateinischen Wort „meditari“ ab, ein Wort mit einer passivischen Form, aber einer aktivischen Bedeutung. Es meint „über etwas nachdenken, nachsinnen“ oder „sich öffnen“, „sich versenken“. Diese Polarität von aktiv und passiv findet sich auch in der Meditation wieder: Der Meditierende handelt, sammelt und konzentriert sich; gleichzeitig ist er aufgeschlossen für das, was auf ihn zukommt, und das, was in ihm entsteht.

In bezug auf die äußere Haltung gibt Ignatius keine Anweisungen, außer daß jene Haltung am besten ist, die jeder persönlich für sich findet. Ihm geht es darum, Gott zu suchen und zu finden in allen Dingen, also beim Spazierengehen, Laufen, Liegen, Stehen, Knien, im Lotussitz oder beim autogenen Training. Für den Beginnenden ist es hilfreich, eine Sitzhaltung einzunehmen, bei der die Knie bei leicht angewinkelten Beinen tiefer liegen als der Sitz. Die Füße liegen auf dem Fußrand auf und sind überkreuzt. Die Beine liegen nicht übereinander. Die Handflächen liegen ineinander auf dem Schoß. Die Schultern hängen locker, Arme und Beine hängen ebenfalls locker nach unten: Das Rückgrat streckt sich immer wieder in die Höhe, die Augen sind leicht gesenkt.

In dieser lockeren Körperhaltung achtet der Übende nur auf die Geräusche, öffnet sein Gehör und entspannt sich dabei. Anschließend achtet er auf seinen Atem und will nur wahrnehmen, wie sein Körper atmet. Er darf dabei keineswegs den Atem steuern wollen, sondern soll es atmen lassen. Er spürt, wie er sich mehr und mehr entspannt. Dann wendet er sich dem vorbereiteten Meditationsthema zu. Ignatius betont, wie wichtig es ist, den Meditationsstoff nicht nur rational zu durchdenken, sondern sich ihn als Szene vorzustellen, die Dinge, Ereignisse und Personen zu sehen, sie sich auszumalen, die Landschaft zu riechen, die Gegenstände zu spüren, die Gespräche zu hören, selber in die Szene einzutreten, sich als ganzer Mensch mit Rationalität und Gefühlen einzubeziehen, so daß dieser Veränderungsprozeß nicht nur durch rationale Erkenntnis, sondern auch durch emotionales Erleben unterstützt wird.

Die Geistlichen Übungen folgen einem planmäßigen thematischen Aufbau:

- Einleitung
- Fundament: Besinnung auf eine übergeordnete Idee
- Erste Phase: Die Erfahrung der Schuld; eine Verantwortung, der wir nicht gerecht werden
- Zweite Phase: von anderen lernen
- Wege der Entscheidungsfindung und die Wahl; die Entscheidung überprüfen, vertiefen, bestätigen
- Dritte Phase: Mutlosigkeit und Resignation überwinden
- Vierte Phase: dankbar und großzügig handeln.

Methodisch ist wie folgt vorzugehen:

- Zuerst wird das Meditationsthema vorbereitet.
- Dann wird die Meditationshaltung eingenommen.
- Anschließend auf die Geräusche hören, auf den Atem achten, Bilder entstehen lassen, den Ort phantasiemäßig inszenieren, an dem die vorbereiteten Inhalte sich abspielen.
- Die Sinne einsetzen: sehen, hören, schmecken, riechen, fühlen, meditieren.

Die Dauer dieser Übung sollte am Anfang etwa 20 Minuten, später bis zu einer Stunde betragen. Nach der Meditation sollte der Übende sich einige Notizen machen über das, was ihn am meisten angesprochen hat.

Vorübung: eine Bildbetrachtung

Ignatius schreibt zur Einleitung des Textes:

> *„Geistliche Übungen, um sich selbst zu überwinden und sein Leben zu ordnen, ohne sich durch irgendeine Neigung, die ungeordnet wäre, bestimmen zu lassen" (Haas, 1966, 25).*

Er möchte unmißverständlich klar machen, daß diese Übungen nur denjenigen fördern, der bereit ist, an sich selber eine Arbeit zu leisten, sich zu ändern, seinem Leben eine neue Orientierung zu geben und sich dazu eine innere Freiheit zu erwerben, die in einer zunehmenden Unabhängigkeit von verdrängten Wünschen und Ängsten, von unbewältigten Spannungen und Konflikten besteht. Diese Situation des Abschieds und Neubeginns, der inneren Klärung und Neuorientierung, der Trennung vom Bisherigen und der Erarbeitung und Hinwendung zum Neuen ist in dem Bild „Straße in Asgardstrand" von Edvard Munch dargestellt. Es stammt aus dem Jahre 1902 und ist im Basler Kunstmuseum ausgestellt (Moser, 1990, 25 f.).

Ein junges Mädchen steht auf der Straße, die aus dem kleinen Dorf herausführt. Dem Dorf und den Menschen hat es den Rücken zugewandt. Der Kopf ist von einem Hut umrahmt, der wie eine Trennlinie zwischen ihrem Kopf und der übrigen Welt wirkt. Das Mädchen schaut wie durch ein riesiges Fenster sowohl zum Betrachter wie in eine unbekannte Ferne hinaus. Es hat bereits einen längeren Weg zurückgelegt. Die anderen sind zurückgeblieben. Am weitesten zurück sehen wir einen Mann und eine Frau, vermutlich ihre Eltern. Der Mann scheint dem Mädchen nachzuschauen, die Frau hat sich bereits halb abgewandt. Die anderen Mädchen stecken die Köpfe zusammen und bilden so einen geschlossenen Kreis. Es sind vermutlich Freundinnen. Der Weggang des Mädchens hat sie vielleicht nicht unberührt gelassen.

Edvard Munch: Straße in Asgardstrand
© The Munch Museum / The Munch Ellingsen Group / VG Bild-Kunst, Bonn 1997 (Foto: Hans Hinz, Artothek)

Das Mädchen beherrscht den Zugang zum Bild. Es gibt die Welt hinter ihm und die Welt vor ihm. Es steht auf einer Schwelle. Vielleicht hält es gerade an zwischen einer Bewegung vorwärts und einer Tendenz rückwärts. Es hat eine Entscheidung zu treffen zwischen zwei Alternativen: zu gehen oder zu bleiben. Jede große Entscheidung ist deshalb schwer zu treffen, weil beide Alternativen Vorteile bieten. Sich für eine zu entscheiden heißt die andere zu verlieren, so daß jede Entscheidung auch ein Abschied ist.

Der Betrachter des Bildes wird von dem Mädchen in eine intensive Szene hineingezogen. Er gehört sofort zum Bild dazu, als wolle der Maler den Betrachter mit seiner eigenen Entscheidungssituation konfrontieren, mit teils bewußten, teils unbewußten unentschiedenen Fragen seiner eigenen Lebensgeschichte. Das Mädchen ist seinen Weg gegangen und schaut weiter nach vorne, wenn auch innehaltend. Es drängt den Betrachter dazu, sich mit seinen eigenen Entscheidungen, seinem Festhalten am Bisherigen, seinem Zögern vor der Veränderung zu befassen.

Der Übende bereitet nun seine Meditation über diese Einleitung vor, indem er den einleitenden Text aufmerksam durchliest, das Bild betrachtet und die oben stehende Erläuterung dazu. Das Bild legt er vor sich hin. Dann nimmt er die Meditationshaltung ein. Er versucht nun, in das Bild einzutreten, einen Dialog mit ihm zu beginnen, zu hören, zu riechen, zu fühlen und das Geschehen mit sich selbst in Beziehung zu setzen. So verharrt er etwa 20 bis 30 Minuten. Danach notiert er, was in dieser Zeit in ihm vorgegangen ist.

Das Fundament

An den Anfang der Geistlichen Übungen stellt Ignatius eine Grundsatzerklärung, die bereits zusammenfassend die wesentlichen Gedanken enthält.

„Der Mensch ist geschaffen dazu hin, Gott Unseren Herrn zu loben, Ihn zu verehren und Ihm zu dienen und so seine Seele zu retten.

Die anderen Dinge auf Erden sind zum Menschen hin geschaffen, und um ihm bei der Verfolgung seines Zieles zu helfen, zu dem hin er geschaffen ist. Hieraus folgt, daß der Mensch sie soweit zu gebrauchen hat, als sie ihm zu seinem Ziel hin helfen, und soweit zu lassen, als sie ihn daran hindern.

Darum ist es notwendig, uns allen geschaffenen Dingen gegenüber gleichmütig zu machen, überall dort, wo dies der Freiheit unseres Wahlvermögens eingeräumt und nicht verboten ist, dergestalt, daß wir von unserer Seele Gesundheit nicht mehr als Krankheit begehren, Reichtum nicht mehr als Armut, Ehre nicht mehr als Ehrlosigkeit, langes Leben nicht mehr als kurzes, und dementsprechend in allen übrigen Dingen, einzig das ersehnend und erwählend, was uns jeweils mehr zu dem Ziele hin fördert, zu dem wir geschaffen sind" (Haas, 1966, 25).

In dieser Grundsatzerklärung sieht Ignatius den Menschen in eine Dreierbeziehung gestellt.

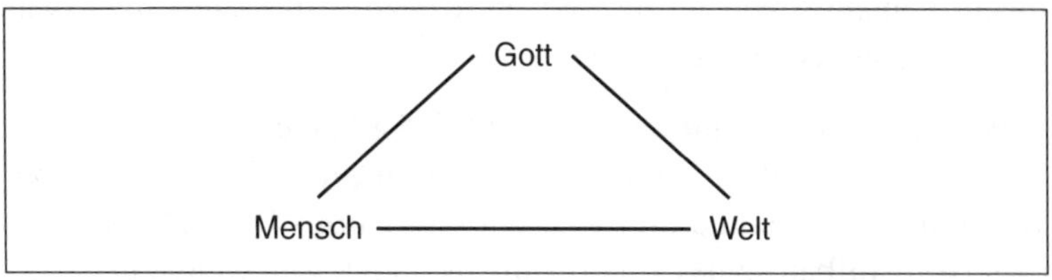

„Der Mensch ist geschaffen, dazu hin …" bedeutet, er ist ausgerichtet auf etwas, das über ihn hinausweist, das mehr ist als er, eine Idee, eine Vision, eine Verheißung, ein Ziel, etwas, das ihm Sinn gibt, das das Ganze meint.

„Die anderen Dinge auf Erden", die Dinge der Welt, der Natur und der Kultur sind nicht eine eigene Welt, sondern bilden den Ort der Zielverwirklichung. Vision und gegenständliche Welt bedingen sich gegenseitig. Das Verhältnis zu den Dingen der Welt soll allerdings von einer großen inneren Freiheit geprägt sein, so daß man sie nutzen, genießen, sich an ihnen freuen, sie aber ebenso lassen kann, daß man sie weder besitzen noch sie verachten muß. Weder Gebrauch und Genuß noch Verzicht unterliegen einer Beurteilung – es sei denn, es handele sich um unmoralische Dinge. Beurteilt wird lediglich das Maß der Unabhängigkeit von ihnen. Kann ich diese Dinge nutzen und kann ich sie auch lassen?

Entscheidend für den Umgang mit den Dingen der Welt ist die Frage, ob sie dazu dienen, das größere Ziel zu erreichen oder nicht, „(...) einzig das ersehnend und erwählend, was uns jeweils mehr zu dem Ziele hin fördert".

Hier taucht das „mehr" auf, das auch im Wahlspruch des Ordens erscheint. Das Ziel, die Aufgabe ist von solcher Bedeutung, daß kein Einsatz ausreicht und keine Kreativität genügt. Deshalb ist dieser innere Gleichmut erforderlich, damit Entscheidungen auf dem Weg zu diesem Ziel nicht verfälscht werden durch Geltungsbedürfnisse, Rivalitätsprobleme, Rachsucht, verletzte Eitelkeit, denn dies alles macht abhängig und unfrei und führt dazu, daß es uns um etwas anderes geht als um das größere Ziel.

Was meint Ignatius mit diesem Ziel? Es ist keine Frage: Gott. Seit seinen Erlebnissen am Cardonér geht es ihm um nichts anderes. Aber vor dem Hintergrund dieser Idee gilt sein ganzes Denken und Handeln dem Aufbau seines Unternehmens und dessen weltweiter Ausdehnung. Wir leiten daraus ab, daß wir für unser Leben ebenso eine Idee brauchen, die „über uns hinausweist", auf deren Hintergrund auch unser Denken und Handeln einen neuen Sinn bekommt, die uns mit ähnlich unerschöpflicher Energie nach immer besseren Lösungen suchen läßt.

Das Weltbild Teilhard de Chardins

Eine solche Idee, die den Gedanken von Ignatius aufgreift, finden wir bei Pierre Teilhard de Chardin (1881 – 1955), Professor für Geologie und Paläontologie in Paris und Mitglied des Jesuitenordens. Er hat die Evolution als eine in Umwandlung befindliche Masse beschrieben, die sich von der Ordnung weniger Elementarteilchen herleitet und sich nach einem Gesetz zunehmender Verflechtung transformiert. Teilhard de Chardin verfügte noch nicht explizit über die Theorie der Selbstorganisation, so daß er eher das Kausalitätsprinzip zugrunde legte. Mit Hilfe des Begriffes der Selbstorganisation gewinnt seine Evolutionslehre neue Aktualität.

Das Streben der Evolution vom Einfachen zum Komplexen nennt Teilhard de Chardin die Innenseite der Dinge. Es ist eine Dimension, die dem gesamten Stoff des Universums zukommt und etwas Geistiges, Psychisches oder Bewußtes birgt. Es ist von veränderlicher Intensität, die durch alle aufsteigenden Wachstumsstufen des Lebens bis zum reflexen Denken des Menschen reicht (Kopp, 1986, 31).

Die Grundlage des Universums bilden wenige, einfache Stoffe mit armer Innenseite. Der Aufstieg führt zu vielen, immer komplexeren Verbindungen mit bewußterer Innenseite. Der höheren äußeren Komplexität entspricht immer wieder auch ein höherer Grad von Bewußtsein. Leben versteht Teilhard de Chardin als Explosion innerer Energie unter biologischer Hochspannung in die nächste Daseinsstufe (ebd., 35).

Teilhard de Chardin nennt drei Daseinsstufen: die Geosphäre, die Biosphäre und die Noosphäre als die Phase des Auftauchens des menschlichen Geistes und seiner dynamischen Entwicklung.

Er bezeichnet die Evolution als eine Steigerung des Geistigen und spricht von einer Achse, auf der die Evolution vorwärts drängt nach mehr Geist, Wissen, Bewußtsein. Die Entwicklung des Lebens definiert er als eine Bewußtseinsbewegung.

„Der Mensch blickt nicht nur um sich, sondern auch in sich. Er weiß als einziger, daß er weiß“ (ebd., 41).

In ihm wird sich die Evolution ihrer selbst bewußt. Ihre Weiterführung ist in die Verantwortung menschlichen Denkens, Wissens und Bewußtseins gelegt.

Teilhard de Chardin zeigt auf, mit welchem Aufwand die Evolution über viele Phasen hinweg den menschlichen Geist hervorgebracht hat, daß es Anliegen der Evolution ist, diesen Prozeß der Vergeistigung der Welt weiterzuführen, und daß dazu die Mitwirkung von uns allen gebraucht wird (Geiselhart, 1995, 21).

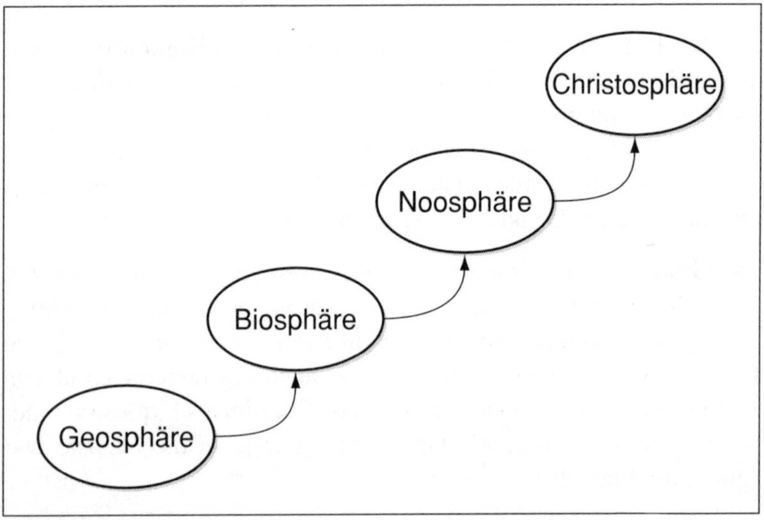

Das Anliegen der Evolution: die Vergeistigung der Welt

Diese Vergeistigung der Welt ist seit dem Auftauchen des menschlichen Geistes im Gange, in dessen Verantwortung die Weiterführung der Evolution, die weitere Vergeistigung der Welt, gelegt ist. Sie vollzieht sich mit Menschen, die durch ihr Leben, ihr Denken und Handeln mehr Geist in die Welt bringen: durch intelligentere Lösungen, die sie finden, durch Verbindungen, die sie schaffen, durch

Konflikte, die sie lösen, durch Perspektiven, die sie aufzeigen, durch Entscheidungen, die weiterführen. Solche Menschen sind z. B. Moses, der ein Volk befreite und 40 Jahre über größte Hindernisse hinweg zu einem Ziel führte; Jesus, der durch sein Leben und Sterben seit zweitausend Jahren für einen großen Teil der Menschheit zum Angelpunkt ihres Lebens geworden ist; Gandhi, der auf gewaltlose Weise eine Weltmacht zum Weichen brachte, sein Land befreite und der Welt ein Beispiel machtvollen obwohl gewaltlosen Handelns gegeben hat. Es sind noch unzählige andere, weniger bekannte, nicht weniger wirkungsvolle Menschen. An der Weiterführung der Evolution zu mehr Geist mitzuwirken heißt, zu einer Aufgabe beizutragen, die weit über uns hinausweist.

Weltgesellschaft als Wissensgesellschaft

Die Idee der Vergeistigung der Welt stammt nicht nur von Paläontologen und Theologen wie Teilhard de Chardin. Der Soziologe Niklas Luhmann sieht die Gesellschaften immer mehr zusammenwachsen und zunehmend eine Weltgesellschaft bilden. Gesellschaften bilden sich aber immer um eine verbindende Idee, um eine Verständigungsweise. In den bisherigen Gesellschaften waren Macht und Geld zentrale Orientierungspunkte. Für die Weltgesellschaft sind sie unbrauchbar, denn in dieser gibt es keine Zentralinstanz mehr, die mit genügend Macht ausgestattet wäre, um die Probleme zu lösen, und viele sind auch mit Geld nicht zu bewältigen. Folglich benötigt die sich bildende Weltgesellschaft eine neue Leitidee. Diese sieht Luhmann, mit Hilfe der elektronischen Informationssysteme, sich im zunehmenden Wissen abzeichnen. Daher bezeichnet er die künftige Weltgesellschaft als Wissensgesellschaft. So stützt auch die Betrachtungsweise eines Soziologen die Beschreibung der Evolution als Prozeß der zunehmenden Vergeistigung der Welt (Luhmann, 1975).

Ein planetarischer Makroorganismus

Außer durch Evolutions- und Systemtheorie finden wir diesen Gedanken auch durch die technische Entwicklung bestätigt. So zeigt Joël de Rosnay als Richtung naturwissenschaftlicher und technischer Forschung die Entstehung des symbiotischen Menschen auf, des planetarischen Gehirns und eines planetarischen Organismus, des Cybionten (abgeleitet aus Kybernetik und Biologie; Rosnay, 1995, 103 f.).

Das Leben ging aus Material hervor, das durch die Atmosphäre und das Meer gebildet worden ist. In langen Prozessen der Entwicklung vom Einfachen zum immer Komplexeren sind schließlich lebende Zellen entstanden. Sie sind schon von so ungewöhnlicher Komplexität, daß sie als mikroskopisch kleine Einheiten die ganze lebende Welt darstellen. Aber die Dynamik der Entwicklung führt weiter zu immer höherer Komplexität bis zum reflexiven Denken des Menschen, zu den immer komplexeren Strukturen der sozialen Systeme wie Unternehmen, Wirtschaftsräume, große Regelkreise, Weltgesellschaft.

Um das unendlich Kleine zu verstehen, gibt es das Mikroskop. Um das unendlich Ferne zu erfassen, gibt es das Teleskop. Das Makroskop soll uns helfen, das Komplexe zu begreifen. Der Computer ist zum Makroskop geworden. Er ermöglicht es uns, immer mehr Komplexität zu bewältigen, auf sie einzuwirken, immer komplexere Systeme zu konstruieren und zu steuern: Unternehmen, Städte, Wirtschaft, Gesellschaft, Ökosysteme. Durch die Evolution komplexerer Systeme entsteht ein neues Verständnis der Welt, die auf der Synthese von Prozessen der Selbstorganisation beruht. Diese Synthese führt möglicherweise zu einer neuen Etappe der Evolution. Joël de Rosnay spricht sogar von der Entstehung einer neuen Lebensform auf der Erde, von einem planetarischen Makroorganismus. Dieser besteht aus der Gesamtheit der Menschen, der Maschinen, Organismen, Netzwerke, Gesellschaften. Dieser Makroorganismus, der noch im Entstehen begriffen ist, versucht, in Symbiose mit dem planetarischen Ökosystem zu leben. De Rosnay nennt diesen planetarischen Organismus Cybiont. Es ist ein Modell für eine der möglichen Etappen der Evolution der Materie, des Lebens und der menschlichen Gesellschaft auf unserem Planeten.

Der entscheidende Schritt für das Entstehen des Cybionten ist die Entwicklung der elektronischen Datenverarbeitung als Schnittstelle zwischen menschlichem Gehirn und Computer. Dadurch wird der Mensch in einer Koevolution engagiert, nicht nur mit seinem pflanzlichen, tierischen und ökologischen Umfeld, sondern auch mit den Maschinen, den technischen Systemen und den Netzwerken des Wissensaustausches und der Wissensentstehung. Der Cybiont besitzt ein planetarisches Gehirn, das aus den Gehirnen der Menschen gebildet wird, die über Netze miteinander verbunden sind. Er verfügt damit über eine Problemlösungskapazität, die unser heutiges Vorstellungsvermögen weit übersteigt.

Zwischen dem Menschen und der Biosphäre, der Technosphäre, der Ökosphäre und der Geistessphäre verläuft die Koevolution, die künftig zu ungeahnten Kenntnissen und Aktionsmöglichkeiten führen wird.

Im Denken von Ignatius ist Gott ein unablässiges Werden, ein unerschöpfliches Entstehen von Neuem, etwas unendlich Geistvolles. Auch ohne die theologische Definition zu teilen, können wir an dem Prozeß der Vergeistigung der Welt teilnehmen, ihn durch unseren Beitrag weiterführen, uns dazu die nötige innere Freiheit erarbeiten und erkennen, daß dazu nie genug geschieht, daß „mehr“ von uns geleistet werden kann.

Meditationen über das Fundament

Die Meditation über das Fundament beginnt mit der inhaltlichen Vorbereitung des Themas, indem der voranstehende Text zu dem Abschnitt „Das Fundament" erarbeitet wird. Anschließend wird die Meditationshaltung eingenommen; dann auf Geräusche hören, auf den Atem achten; im Zustand zunehmender Entspannung sich Bilder, Szenen zum Thema vorstellen; mit Hilfe seiner Phantasie in diese Szene eintreten, dabei die Sinne einsetzen, fühlen, riechen, schmecken. Nach abgelaufener Meditationszeit die Haltung wieder verlassen und sich notieren, was in einem vorgegangen ist. Diese Notizen dienen dazu, Themen, die immer wieder auftauchen, zum Inhalt einer besonderen Meditation zu machen, darauf zu achten, ob sich über die Zeit hinweg eine Tendenz, eine Entwicklung abzeichnet. Zudem tritt gelegentlich eine Erkenntnis, die vorher noch undeutlich war, erst beim Notieren ein.

Die erste Phase: Die Erfahrung der Schuld

Im Fundament schildert Ignatius den Menschen als über sich hinaus auf etwas bezogen, das mehr ist als er. Er zeigt dies an der Dreierbeziehung zwischen dem Menschen, der Welt und Gott. Aufgabe des Menschen sei es, an dem Anliegen der Evolution mitzuwirken und zur Vergeistigung der Welt beizutragen.

In dieser Phase der Geistlichen Übungen soll sich der Übende nun bewußtmachen, daß wir Menschen unserer Aufgabe immer wieder nicht gerecht werden und die Vergeistigung der Welt behindern; daß wir unter unserem Niveau handeln, unseren Auftrag nicht erfüllen, die Evolution nicht weiterführen, am Bisherigen festhalten und die Veränderung verweigern. In der Sprache der Theologie nennt Ignatius diese Verweigerung Sünde. Die Sünde ist nach Ignatius zunächst eine kosmische Wirklichkeit, die sich über die Welt verbreitet als eine Geschichte des Todes in Gestalt von Kriegen, Krankheiten, namenlosem Leid. Sünde ist nicht das Übertreten von Verboten, sondern ein zerstörerischer Prozeß, der in den Tod führt. Er führt in den Tod, weil er diese Dreierbeziehung Mensch-Gott-Welt auflöst. Statt auf die anderen ausgerichtet zu sein und sich mit ihnen weiterzuentwickeln, zieht sich der Mensch auf sich selbst und auf seine eigenen Bedürfnisse zurück. Jeder Mensch ist in diese todbringende Geschichte auf seine Weise einbezogen, indem er seinen eigenen destruktiven Teil dazu beiträgt und den Ungeist vermehrt. Deshalb ist diese Geschichte auch die Geschichte eines jeden von uns.

Die Verweigerung der Veränderung als schuldhaftes Verhalten entspricht einer wichtigen Phase der menschlichen Entwicklung. Die Psychoanalyse beschreibt die enge Beziehung zwischen Mutter und Kleinkind als Bedürfnisbefriedigung. Bedürfnisse, die in dem Säugling wach werden, finden durch die Mutter eine schnelle und mühelose Befriedigung, so daß das Kind schließlich die Gewißheit entwickelt, daß die Mutter ganz zu seiner Befriedigung da ist und keine anderen Interessen hat. Diese Gewißheit wird zum Anspruch, den das kleine Wesen zuweilen auch mit Geschrei und Zorn äußert. Geht die Entwicklung weiter, erkennt das Kind, daß es kein exklusives Recht auf die Mutter hat, daß diese sich auch dem Vater zuwendet und andere Interessen verfolgt. Es erfährt den Mangel und lernt, auf die ständige Zuwendung der Mutter zu verzichten. Diesen Mangel und diese Leere füllt das Kind mit autonomen Aktivitäten: Es beginnt zu spielen, zu sprechen und unabhängiger zu werden. Aus der Erfahrung des Mangels und des Verzichts beginnt eine neue Phase seiner Entwicklung (Palmier, 1972, 93 f.).

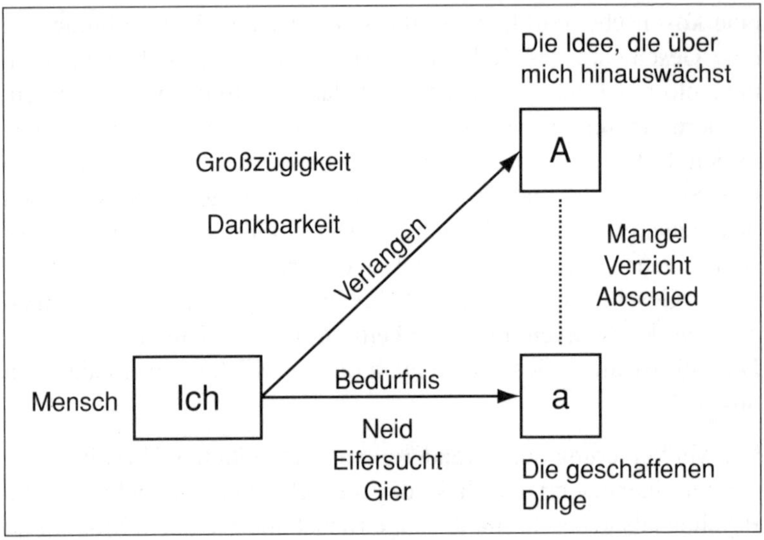

Dieses Schema soll die Entwicklung des Menschen schildern, wie er sie sich von Beginn seines Lebens bis zu seinem Erwachsenenleben erarbeiten muß. Zunächst besteht zwischen dem Ich und seinem Beziehungsobjekt, der Mutter, eine Beziehung, die durch die Befriedigung der Bedürfnisse des Kindes geprägt ist. Die andere Person hat aus der Sicht des Kindes keine eigene Existenz, sondern existiert nur für das Kind. Deshalb wird diese Beziehungsperson als die andere („a") bezeichnet. Die Beziehungsqualität zwischen dem Ich und a ist die des Bedürfnisses. Der andere ist von Interesse, solange er die Bedürfnisse befriedigen kann. Sobald er diese Leistung erbracht hat und die Bedürfnisse gestillt sind, verschwindet dieses Interesse an ihm schlagartig. Er darf auch keinen Anspruch auf Gegenleistung erheben, denn die Bedürfnisse müssen ohne Anstrengung befriedigt werden. Bedürfnis bedeutet aber Zwang und Notwendigkeit. Es ist notwendig zu essen, um zu leben. Das Bedürfnis besitzt eine Veränderungskraft, die das Objekt, auf das es trifft, reduziert und zerlegt. So erfolgt die Befriedigung durch den Verzehr und den Verbrauch des Objektes. Das Objekt – Brot – und das

Bedürfnis – Hunger – lösen sich gegenseitig auf. Es gibt Menschen, die die Welt vorwiegend unter dem Gesichtspunkt ihrer Bedürfnisbefriedigung sehen. Sie verwenden Dinge, Situationen, Menschen, solange sie sie brauchen, und lassen sie fallen, wenn sie ihren Bedürfnissen nicht mehr entsprechen. Sie gewinnen auf diese Weise keine Freunde und leben unter dem Zwang, unter der Notwendigkeit ihrer Bedürfnisse.

Wenn das Kind abgestillt oder ohnehin autonomer wird, entdeckt es einen Unterschied zwischen der Muttermilch oder der von der Mutter gespendeten Nahrung und der Mutter selbst. Beides bildete bis dahin ein Ganzes. Das Kind entdeckt, daß die Mutter sich nicht auf ein Objekt, ein Bedürfnis reduzieren läßt, das es nach ihr hat. So entsteht aus der Erfahrung, daß die Mutter oder die Wirklichkeit anders ist, als die eigenen Bedürfnisse sie haben möchte, das Erlebnis des Mangels und daraus die Bereitschaft zum Verzichten, zur Arbeit und zu Anstrengungen, um für sich selber zu sorgen. Dieser Verzicht ist der Wendepunkt, an dem sich das Streben nach unmittelbarer und müheloser Bedürfnisbefriedigung in das Verlangen nach der Mutter, nach dem anderen Menschen als dem ganz Anderen („A“) umwandelt. Das Verlangen beruht auf der Erkenntnis, daß der Andere mir nicht verfügbar ist, daß mir in der Beziehung zu ihm immer etwas entgeht, daß mir trotz Nähe etwas von ihm immer unbekannt bleibt, daß in ihm etwas ist, was mir fehlt. Es ist also die Abwesenheit, oder symbolisch dargestellt, die Wüste, die uns für das Verlangen, für das Neue öffnet. Oft versuchen wir, diese Erfahrung zu meiden, uns am Bedürfnis festzuhalten und es mit Sachen zu befriedigen. Wir weigern uns, das Verlangen in uns entstehen zu lassen, das aus dem Mangel stammt. Aber „der Mensch lebt nicht vom Brot allein“, und es reicht nicht, zu essen, zu trinken, Gegenstände um sich zu sammeln und sich an Dingen festzuhalten, um als Mensch zu leben. Weder eine Fülle von Funktionen noch ein Anhäufen von Besitz können die Leere füllen. Für den Menschen des Verlangens wird der andere zum Anderen, nach dem er sich sehnt, weil er in ihm erkennt, was ihm selber fehlt, und den er annimmt wegen oder trotz seines Andersseins.

Mit Liebe, der vollkommensten Form zwischenmenschlicher Beziehung, ist gemeint, nach dem anderen zu verlangen, weil er so ist, wie er ist, darauf zu verzichten, aus ihm ein Objekt der eigenen Bedürfnisse zu machen. „Ohne dich kann ich nicht leben“, ist demnach keine Liebeserklärung, sondern eine Verwechslung, bei der der andere nicht für sich, als unabhängig von einem selbst wahrgenommen wird.

Der Mensch des Verlangens, der durch die Wüste des Mangels gegangen ist, der jemanden seinetwegen in seinem Anderssein bejahen kann, ist jemand, der über die innere Freiheit verfügt, auf Dinge zu verzichten, Positionen zu verlassen, Gewohnheiten aufzugeben, weil er der Notwendigkeit der Bedürfnisbefriedigung nicht mehr zwanghaft unterworfen ist. Er kann – nach den Worten von Ignatius – die Dinge nutzen oder sie lassen, je nachdem, ob sie ihm mehr zum Ziel hin helfen.

Vom Festhalten an „a“ oder vom Weg über den Verzicht zu „A“ hängt nicht nur die Qualität der Beziehung zu anderen Menschen, sondern auch die Grundstimmung ab, mit der ein Mensch auf andere zugeht und der Welt begegnet.

Das Festhalten an „a“, also die Sicht, die davon ausgeht, daß die anderen dazu da sind, die eigenen Bedürfnisse zu befriedigen, führt zu den Grundhaltungen Neid, Eifersucht und Gier. Neid ist die Wut, die jemand empfindet, wenn er fürchtet, daß der andere etwas Begehrenswertes besitzt und es genießt. Neid möchte sich dieses Objektes bemächtigen, es dem anderen wegnehmen oder es beschädigen. Neid gilt in der Theologie als eine der sieben Hauptsünden, weil er das gute Objekt als Quelle des Lebens zerstören will und sich so gegen das Gute überhaupt richtet.

Eifersucht ist eine Beziehung mit zwei weiteren Personen. Sie bezieht sich auf die Liebe, von der jemand meint, daß sie ihm von anderen geschuldet, aber von einem Rivalen geraubt wird.

Gier oder Begierde ist das Zeichen eines Bedürfnisses, das unstillbar ist, weit über das hinausgeht, was jemand braucht oder was der andere geben kann. Gier möchte den anderen ausleeren, ausnutzen, verschlingen.

Dankbarkeit entsteht dort, wo der Mangel erfahren und der Verzicht geleistet wurde, wo der Andere angenommen werden kann in seinem Anderssein, in dem ich bejahe, daß er etwas hat, was mir fehlt, ohne ihn dabei zum Objekt meiner Bedürfnisbefriedigung zu reduzieren. Dankbarkeit entsteht in Menschen, die die Vielfalt der Welt und der Menschen erfahren können, die viel erleben und bekommen, weil sie es nicht mehr zwanghaft brauchen. Sie können sich über vieles freuen, auch über kleine Erlebnisse, und strahlen Güte aus, sind aber auch zur Strenge fähig, wenn die Situation es erfordert. Sie sind großzügig, denn sie können viel teilen, weil sie selber innerlich über so gute und vielfältige Erfahrungen verfügen.

Es ist Aufgabe des Menschen, an der Vergeistigung der Welt mitzuwirken. Sünde meint, daß wir dieser Aufgabe immer wieder nicht gerecht werden und das Anliegen der Evolution aufhalten, die Vergeistigung behindern. Wir verweigern die Veränderung und halten am Bisherigen fest. Dies führt zu Grundstimmungen wie Neid, Eifersucht, Gier.

Die Mitwirkung an der Aufgabe der Evolution verlangt den Weg durch die Wüste, durch Mangel und Verzicht, vom Bedürfnis zum Verlangen. Der Mensch des Verlangens vermag den anderen Menschen in seinem Anderssein zu bejahen, aus seiner inneren Freiheit heraus den Dingen gegenüber eine Gelassenheit zu entwickeln, die es ihm erlaubt, sie zu nutzen oder sie zu lassen, und eine tiefe Dankbarkeit zu empfinden, die Gutes tun will, weil man selbst über so viel Gutes verfügt.

Meditationen über das Thema „Schuld“

Nach diesen eher theoretischen Überlegungen nehmen wir als Meditationstext die Geschichte von König Salomo und den beiden Müttern.

Salomos Weisheit (1. Könige 3, 1 – 28)

Salomo erwachte. Es war ein Traum gewesen. Dann ging er nach Jerusalem, trat vor des Herrn Bundeslade, opferte und brachte Mahlopfer dar. Dann bereitete er ein Mahl für alle seine Diener. Damals kamen zwei Dirnen zum König und traten vor ihn. Das eine Weib sprach: „Bitte, mein Herr! Ich und dieses Weib wohnen im gleichen Hause. Da gebar ich in ihrer Gegenwart im Hause. Am dritten Tag nach meiner Niederkunft gebar auch dieses Weib. Wir waren allein. Kein Fremder war bei uns im Hause. Nur wir zwei waren im Hause. Da starb der Sohn dieses Weibes in der Nacht; sie hatte sich auf ihn gelegt. Nun stand sie mitten in der Nacht auf und nahm meinen Sohn von meiner Seite, während deine Magd schlief, und legte ihn an ihren Busen. Ihren toten Sohn aber hatte sie an meinen Busen gelegt. Ich stand nun am Morgen auf, meinen Sohn zu stillen. Da war er tot. Als ich ihn aber am Morgen betrachtete, war es nicht mein Sohn, den ich geboren hatte.“ Das andere Weib sprach: „Nein! Mein Sohn ist der lebende, und dein Sohn ist der tote.“ Jene sagte: „Nein! Dein Sohn ist der tote, und mein Sohn ist der lebende.“ Also stritten sie vor dem König. Der König sprach: „Diese sagt: ‚Der lebende ist mein Sohn, und dein Sohn ist der tote‘, und jene sagt: ‚Nein! Dein Sohn ist der tote, und mein Sohn ist der lebende.‘“ Dann sprach der König: „Holt mir ein Schwert!“ Da brachte man das Schwert vor den König. Da sprach der König: „Zerschneidet das lebende Kind in zwei Teile und gebt die eine Hälfte dieser, die andere jener!“ Da sprach das Weib, dessen Sohn der lebende war, zum König – denn ihre Liebe für ihren Sohn regte sich mächtig. Sie sprach: „Bitte, mein Herr! Gebt ihr das lebende Kind; aber tötet es nicht!“ Da entschied der König und sprach: „Gebt ihr das lebende

Kind! Ihr dürft es nicht töten! Sie ist seine Mutter." Und ganz Israel hörte von dem Urteil, das der König fällte. Und sie fürchteten sich vor dem König. Denn sie sahen, daß Gottes Weisheit in ihm war, um Gerechtigkeit zu üben.

Wir lesen die Geschichte und erkennen in diesen beiden Frauen unsere Überlegungen wieder. Die eine Mutter hat zu dem Kind die Beziehung des Bedürfnisses. Es dient ihrer eigenen Befriedigung. Die andere Mutter ist eine Frau des Verlangens. Für sie lebt das Kind als von ihr getrennt seine eigene Existenz, die sie bejaht. Deshalb kann sie auf das Kind verzichten. Doch durch den Verzicht gewinnt sie das Kind auf neue Weise, auf einer anderen Ebene wieder zurück. So finden wir in dieser Geschichte die Begriffe des Schemas wieder: Bedürfnis – Verlangen, a – A, Eifersucht, Neid – Großzügigkeit, Dankbarkeit und den Weg über die Erfahrung von Mangel und Verzicht zu einer neuen Qualität von Beziehung.

Nach der Lektüre des Textes nimmt der Übende wieder die Meditationshaltung ein, achtet auf Geräusche, auf seinen Atem, stellt sich die Szene beim König Salomo vor, sieht die beiden Frauen, hört die Verhandlung und tritt selber in die Szene ein. Er fragt schließlich, was ihn selber betrifft: seine Bedürfnisstruktur oder sein Verlangen, seine Eifersucht, Gier und Neid oder seine Dankbarkeit und Großzügigkeit, seine innere Freiheit von den Dingen oder die zwanghafte Notwendigkeit ihnen gegenüber.

Im Anschluß an die Meditation ist es wichtig, wieder zu notieren, welche Gedanken einen beschäftigt, welche Gefühle man empfunden hat.

Der verlorene Sohn

Eine weitere Meditationsübung in dieser Phase der Geistlichen Übungen ist die Geschichte vom verlorenen Sohn, wie Jesus sie erzählt:

Weiter sagte Jesus: Ein Mann hatte zwei Söhne. Der jüngere von ihnen sagte zu seinem Vater: Vater, gib mir das Erbteil, das mir zusteht. Da teilte der Vater das Vermögen auf. Nach wenigen Tagen packte der jüngere Sohn alles zusammen und zog in ein fernes Land. Dort führte er ein zügelloses Leben und verschleuderte sein Vermögen. Als er alles durchgebracht hatte, kam eine große Hungersnot über das Land, und es ging ihm sehr schlecht. Da ging er zu einem Bürger des Landes und drängte sich ihm auf; der schickte ihn aufs Feld zum Schweinehüten. Er hätte gern seinen Hunger mit den Futterschoten gestillt, die die Schweine fraßen, aber niemand gab ihm davon. Da ging er in sich und sagte: Wie viele Tagelöhner meines Vaters haben mehr als genug zu essen, und ich komme hier vor Hunger um. Ich will aufbrechen und zu meinem Vater gehen und zu ihm sagen: Vater, ich habe mich gegen den Himmel und gegen dich versündigt. Ich bin nicht mehr wert, dein Sohn zu sein; mach mich zu einem deiner Tagelöhner. Dann brach er auf und ging zu seinem Vater. Der Vater sah ihn schon von weitem kommen, und er hatte Mitleid mit ihm. Er lief dem Sohn entgegen, fiel ihm um den Hals und küßte ihn. Da sagte der Sohn: Vater, ich habe mich gegen den Himmel und gegen dich versündigt; ich bin nicht mehr wert, dein Sohn zu sein. Der Vater aber sagte zu seinem Knecht: Holt schnell das beste Gewand und zieht es ihm an, steckt ihm einen Ring an die Hand und zieht ihm die Schuhe an. Bringt das Mastkalb her und schlachtet es; wir wollen essen und fröhlich sein. Denn mein Sohn war tot und lebt wieder; er war verloren und ist wiedergefunden worden. Und sie begannen, ein fröhliches Fest zu feiern.

Sein älterer Sohn war unterdessen auf dem Feld. Als er heimging und in die Nähe des Hauses kam, hörte er Musik und Tanz. Da rief er einen der Knechte und fragte, was das bedeuten solle. Der Knecht antwortete: Dein Bruder ist gekommen, und dein Vater hat das Mastkalb schlachten lassen, weil er ihn heil und gesund wiederbekommen hat. Da wurde er zornig und wollte nicht hineingehen. Sein Vater aber kam heraus und redete ihm gut zu. Doch er erwiderte dem Vater: So viele Jahre schon diene ich dir, und nie habe ich gegen deinen Willen gehandelt; mir aber hast du nie auch nur einen Ziegenbock geschenkt, damit ich mit meinen Freunden ein Fest feiern konnte; kaum aber ist der hier gekommen, dein Sohn, der dein Vermögen mit Dirnen durchgebracht hat, da hast du für ihn das Mastkalb geschlachtet. Der Vater antwortete ihm: Mein Kind, du bist immer bei mir, und alles, was mein ist, ist auch dein. Aber jetzt müssen wir uns doch freuen und ein Fest feiern; denn dein Bruder war tot und lebt wieder; er war verloren und ist wiedergefunden worden. (Lukas 15, 11 – 32)

In dieser Geschichte finden wir wieder diese beiden Arten von Beziehungen zu den Menschen und zur Welt. Der ältere Sohn hat viele Verdienste um die Familie und den Hof durch seine Arbeit. Er ist dem Vater sehr verbunden: „So viele Jahre schon diene ich dir, und nie habe ich gegen deinen Willen gehandelt …“ Der Vater antwortet ihm: „Mein Kind, du bist immer bei mir, und alles, was mein ist, ist auch dein.“ Es ist ein komplementäres Leben, ohne Trennung und Mangel, das der Ältere führt. Er hat am Vater geklebt, so daß da kein Platz für Freunde war, mit denen er ein Fest hätte feiern können. Da war kein Platz für Überraschung, für Freude und für Risiko. Er hat es nie riskiert, die Abhängigkeit zu verlassen und sich aus der Unterordnung zu befreien. Der Zorn über den Rivalen läßt die Eifersucht durchbrechen: „… mir aber hast du nie auch nur einen Ziegenbock geschenkt … .“ Vielleicht befreit ihn sein Zorn aus dem Zwang des Bedürfnisses zum Verlangen nach neuer und anderer Erfahrung, aus der Eifersucht heraus zur Großzügigkeit.

Der Vater läßt den jüngeren Sohn gehen, hält ihn nicht zurück. Vor dem Verlangen des Sohnes nach neuen Erfahrungen und weiterer Entwicklung stellt der Vater sein Bedürfnis nach Nähe und Gemeinsamkeit mit seinem Sohn zurück. Er gebraucht weder seine Macht noch seine Überredungskunst, um ihn zurückzuhalten, denn er respektiert das Verlangen seines Sohnes nach dem „Anderen“. Er weiß, daß das, was den Wert eines Menschen ausmacht, diese schöpferische Freiheit ist, die auf dem Weg durch die Wüste, durch den

Abschied und den Verzicht, die Selbsterneuerungskräfte im Menschen weckt.

Der jüngere Sohn geht das Risiko der Trennung und des Abschieds ein. Er beendet die Beziehung der Bedürfnisbefriedigung zum Vater und findet schließlich den Weg zu etwas Neuem, das sich in ihm befreit, zu seinem Verlangen. In ihm lebt eine immense Hoffnung trotz zahlreicher Enttäuschungen. Zunächst war sein Abschied zu sehr Reaktion gegen den Vater und den Bruder. Die Antihaltung ist zu sehr Kopie. Sie schafft keine neue Freiheit und begründet kein neues Werk. So geht er seinen Weg durch die Wüste. Es muß zunächst etwas in ihm zu Ende gehen, er muß zuerst etwas aufgeben, erkennen, daß er die Menschen nicht zur Befriedigung seiner Bedürfnisse nutzen kann. Im leidvollen Verzicht auf seine bisherige Denkweise und die eingeübten Handlungsmuster erfährt er sich und die anderen Menschen als ganz anders, als autonom, als frei und entdeckt seine eigene größere innere Freiheit, auf der seine Selbsterneuerung gründet.

Der Jüngere begeht nicht die Sünde, die Ignatius meint. Er behindert weder die weitere Entwicklung seines Vaters noch die seines Bruders. Er ist nicht voller Neid, Eifersucht und Gier. Obwohl er den Zorn dessen auf sich zieht, der nichts riskiert, fordert er von sich die Veränderung. Dabei macht er Fehler, gibt seinen Bedürfnissen nach, die noch immer in ihm wirken, aber er läßt sich nicht bezwingen und resigniert nicht, um schließlich aus der Leere, die er erfährt, sein Verlangen zu entdecken, seine Autonomie und seine neue Freiheit. So kann er auch in sein früheres Leben zurückkehren, seine Aufgabe wieder anpacken, aber als ein ganz „Anderer“.

Nach der Lektüre des Textes und der einführenden Hinweise ist wieder folgendermaßen vorzugehen: die Meditationshaltung einnehmen; auf die Geräusche hören; auf den Atem achten; sich die verschiedenen Szenen vorstellen: der Abschied des jüngeren Sohnes, sein Leben in der Fremde, seine Rückkehr; sich in die Rolle des Vaters, des älteren Bruders, des jüngeren Sohnes hineinversetzen; seine Sinne einsetzen: sich die Szenen ausmalen, sie sehen, hören, die Gerüche aufnehmen; sich fragen: „Was hat dies mit mir zu tun?“

Vor dem Gesetz

Zur dritten Meditation in dieser Phase der Geistlichen Übungen verwenden wir einen Text von Franz Kafka.

Vor dem Gesetz steht ein Türhüter. Zu diesem Türhüter kommt ein Mann vom Lande und bittet um Eintritt in das Gesetz. Aber der Türhüter sagt, daß er ihm jetzt den Eintritt nicht gewähren könne. Der Mann überlegt und fragt dann, ob er also später werde eintreten dürfen. „Es ist möglich,“ sagt der Türhüter „jetzt aber nicht.“ Da das Tor zum Gesetz offensteht wie immer und der Türhüter beiseite tritt, bückt sich der Mann, um durch das Tor ins Innere zu sehn. Als der Türhüter das merkt, lacht er und sagt: „Wenn es dich so lockt, versuche es doch, trotz meines Verbotes hineinzugehen. Merke aber: Ich bin mächtig. Und ich bin nur der unterste Türhüter. Von Saal zu Saal stehn aber Türhüter, einer mächtiger als der andere. Schon den Anblick des dritten kann nicht einmal ich mehr ertragen.“ Solche Schwierigkeiten hat der Mann vom Lande nicht erwartet; das Gesetz soll doch jedem und immer zugänglich sein, denkt er, aber als er jetzt den Türhüter in seinem Pelzmantel genauer ansieht, seine große Spitznase, den langen, dünnen, schwarzen tatarischen Bart, entschließt er sich, doch lieber zu warten, bis er die Erlaubnis zum Eintritt bekommt. Der Türhüter gibt ihm einen Schemel und läßt ihn seitwärts von der Tür sich niedersetzen. Dort sitzt er Tage und Jahre. Er macht viele Versuche, eingelassen zu werden, und ermüdet den Türhüter durch seine Bitten. Der Türhüter stellt öfters kleine Verhöre mit ihm an, fragt ihn über seine Heimat aus und nach vielem andern, es sind aber teilnahmslose Fragen, wie sie große Herren stellen, und zum Schlusse sagt er ihm immer wieder, daß er ihn noch nicht einlassen könne. Der Mann, der sich für seine Reise mit vielem ausgerüstet hat, verwendet alles, und sei es noch so wertvoll, um den Türhüter zu bestechen. Dieser nimmt zwar alles an, aber sagt dabei: „Ich nehme es nur an, damit du nicht glaubst, etwas versäumt zu haben." Während der vielen Jahre beobachtet der Mann den Türhüter fast ununterbrochen. Er vergißt die anderen Türhüter, und dieser erste scheint ihm das einzige Hindernis für den Eintritt in das Gesetz. Er verflucht den unglücklichen Zufall, in den ersten Jahren rücksichtslos und laut, später, als er alt wird, brummt er nur noch vor sich hin. Er wird kindisch, und, da er in dem jahrelangen Studium des Türhüters auch die Flöhe in seinem Pelzkragen erkannt hat, bittet er auch die Flöhe, ihm zu helfen und den Türhüter umzustimmen. Schließlich wird sein Augenlicht schwach, und er weiß nicht, ob es um ihn wirklich dunkler wird, oder ob ihn nur seine Augen täuschen. Wohl aber erkennt er jetzt im Dunkel einen Glanz, der unverlöschlich aus der Türe des Gesetzes bricht. Nun lebt er nicht mehr lange. Vor seinem Tode sammeln sich in seinem Kopf alle Erfahrungen der ganzen Zeit zu einer Frage, die er bisher an den Türhüter noch nicht gestellt hat. Er winkt ihm zu, da er seinen erstarrenden Körper nicht mehr aufrichten kann. Der Türhüter muß sich tief zu ihm hinunterneigen, denn der Größenunterschied hat sich sehr zu Ungunsten des Mannes verändert. „Was willst du denn jetzt noch wissen?" fragt der Türhüter, „du bist unersättlich." „Alle streben doch nach dem Gesetz," sagt der Mann, „wieso kommt es, daß in den vielen Jahren niemand außer mir Einlaß verlangt hat?" Der Türhüter erkennt, daß der Mann schon an seinem Ende ist, und, um sein vergehendes Gehör noch zu erreichen, brüllt er ihn an: „Hier konnte niemand sonst Einlaß erhalten, denn dieser Eingang war nur für dich bestimmt. Ich gehe jetzt und schließe ihn." (Kafka, 1977, 131 f.)

Diese Geschichte konfrontiert uns mit dem „Mann vom Lande" oder mit dem „Mann aus Erde", Adam, folglich mit uns selbst. Es ist vom Menschen an sich die Rede. Der Mann vom Lande folgt seinem Verlangen nach dem Gesetz. Er verläßt sein bisheriges Leben, sehnt sich nach mehr und will mehr beitragen zur Vergeistigung der Welt.

Es ist das Gesetz, nach dem er sich sehnt, d. h. etwas, das sehr wichtig ist, entscheidend für die Zukunft, etwas, das Sinn vermittelt und höchsten Wert bedeutet. Sein waches Verlangen läßt ihn nicht mehr ruhen. Zwar streben alle nach dem Gesetz, alle Menschen sind also aufgerufen, an der Vergeistigung der Welt mitzuwirken, viele bleiben jedoch zurück. Nicht so unser Mann vom Lande. Er kommt zum Eingang, zu dem Gesetz und bittet den Türhüter um Erlaubnis hineinzugehen. Selbstbewußt und zielstrebig folgt er seinem Verlangen, sich seiner Rechte voll bewußt. Da die Erlaubnis nicht erteilt wird, vollzieht sich jedoch in ihm eine Wende. Jetzt fällt sein Blick auf den Türhüter, den er bisher kaum wahrgenommen hat. Er stattet ihn mit so viel Autorität und Macht aus, daß er jetzt nicht mehr seinem Verlangen folgen kann. Bei einem Hindernis, einer schwierigen Situation verfällt er in einen früheren Zustand, sein Bedürfnis nach Sicherheit, Unterordnung und Geborgenheit setzt sich wieder durch. Er wagt die Trennung vom Üblichen und Vertrauten nicht, scheut das Risiko der Auseinandersetzung mit dem Ungewohnten. Statt dessen schreibt er dem Türsteher immer mehr Bedeutung zu, sieht zunehmend nur noch das Hindernis, läßt sich von seinem wirklichen Ziel ablenken, verliert es aus den Augen und ist auf die Pseudogröße des Türhüters fixiert.

Dieser Text betont die besondere Aufgabe des Menschen in der Welt, angedeutet in dem Gesetz. Wir sehen diese Aufgabe in der Weiterführung des Anliegens der Evolution nach weiterer Vergeistigung der Welt.

Der Text macht sichtbar, wie ein Mensch des Verlangens sich von seinen bisherigen vermeintlichen Zwängen und Notwendigkeiten befreit, um nach dem ganz Anderen zu streben. Angesichts einer Schwierigkeit greift er auf bisherige Denkweisen zurück, verliert das neue Ziel aus den Augen und richtet seinen Blick nur noch auf das Hindernis. Er kann schließlich seine Chance auch dann nicht mehr erkennen oder hat nicht mehr die Kraft sie zu nutzen, als das Gesetz selbst die Initiative ergreift und ihm entgegenkommt. Er verfehlt sein Leben: „Hier konnte niemand sonst Einlaß erhalten, denn dieser

Eingang war nur für dich bestimmt." Der Text regt zur Besinnung auf die eigentliche Bestimmung des Menschen an, zur Frage nach der persönlichen Befreiungsarbeit von der Notwendigkeit der Bedürfnisbefriedigung zum Verlangen, das die Freiheit und die Kraft zum Neuen kennt, und weist auf die Gefahr des Zurückweichens vor Schwierigkeiten und Hindernissen, die Gefahr der Horizontverengung und des Verlusts des eigentlichen Zieles hin.

Mit diesen Gedanken im Hintergrund nehmen wir die Meditationshaltung ein, stellen uns die Szene vor: der Mann vom Lande vor dem Eingang zum Gesetz, wie er mit dem Türsteher verhandelt. Wir setzen dabei die Sinne ein: sehen, hören, riechen, fühlen, schmecken. Das, was dabei in uns vorgeht, notieren wir dann wieder in das dafür vorgesehene Heft.

Die zweite Phase: Identifikation mit Vorbildern

Für diese Phase verwendet Ignatius nicht mehr den Begriff Meditation, sondern ersetzt diesen durch Kontemplation. Es geht jetzt nicht mehr so sehr um Nachdenken und Verstehen als vielmehr um Anschauen und Sich-beeindrucken-Lassen.

Jesus von Nazareth

Im Zentrum der Überlegungen steht die Gestalt des Jesus von Nazareth, in dem Gott selbst Mensch geworden ist, um die Evolution ihrer Vollendung zuzuführen. Auch Menschen, die diese religiöse Überzeugung nicht teilen, erkennen doch, daß mit dieser Gestalt eine besondere geistige Qualität in die Geschichte eingetreten ist: Werte wie Gerechtigkeit, Nächsten- und Feindesliebe, Friede, alles Werte, die auch unser säkulares Leben durchdringen. Ziel der Betrachtungen in dieser zweiten Phase ist es, sich mit der Gestalt des Jesus von Nazareth zu identifizieren, sich seine Werte anzueignen, um aus seiner Gesinnung heraus entscheiden zu können. Denn wir haben gesehen, daß die besondere Qualität derart getroffener Entscheidungen den langen und erfolgreichen Bestand des Unternehmens Jesuitenorden ermöglichte.

Der erste Teil der Geistlichen Übungen will die vernunftmäßige Zustimmung zu den Überlegungen des Ignatius von Loyola gewinnen. In diesem zweiten Teil geht es nun um ihre emotionale Bejahung. So wie der Sohn sich mit seinem Vater identifiziert, um dessen Werte, Orientierungen und Vorlieben zu verinnerlichen, so wie der Erwachsene sich für Vorbilder entscheidet, die er aufgrund seiner tiefen Wertschätzung für sie nachahmen will, so soll der Übende versuchen, sich mit Jesus von Nazareth und jenen, die ihm ähnlich sind, zu identifizieren, um deren Werte als Basis künftiger Entscheidungsprozesse zu verinnerlichen.

Auch wer den christlichen Glauben nicht teilt, kann sich mit Jesus von Nazareth identifizieren. Er kann von Jesus lernen, ihn nachahmen, sich von ihm beeindrucken lassen in der Hinsicht, um die es Ignatius hier geht.

Mit dem Eintritt Jesu in die Geschichte ist die Welt anders geworden. Mit ihm hat sie eine neue wertmäßige Orientierung bekommen. Wir wissen über ihn, daß er draußen vor der Stadt, außerhalb menschlicher Behausungen geboren und auch vor der Stadt gestorben ist. Dazwischen hat er in Zelten, nicht in Palästen gelebt. Er war dennoch kein Asket und kein Einsiedler, sondern hat mit den Menschen zusammengelebt und mit ihnen Feste gefeiert. Er war hochgebildet und hat dennoch die Sprache der einfachen Menschen gesprochen. Er hat die Königswürde als Mißverständnis abgelehnt und konnte dennoch das Volk begeistern. Jesus war zu Beginn seines etwa dreijährigen Wirkens überzeugt, daß Jahwe, der Gott seiner Väter, durch ihn etwas Besonderes bewirken wollte, daß Jahwe mit ihm für Israel eine neue Zeit heraufführen wolle. Jesus war von diesem

Auftrag so tief überzeugt, daß er sein ganzes Leben von da an auf diese eine Karte setzte.

Er predigte Buße, Verzicht, Einschränkung; aber nicht um ihrer selbst willen, sondern weil etwas viel Besseres, Erfüllenderes kommt.

Er verkündete ein Reich des Geistes, das nicht mit den üblichen Macht- und Ränkespielen zu schaffen ist, sondern durch klare Entscheidung und konsequentes Handeln. Ein Reich der Gerechtigkeit, der Bescheidenheit, des Friedens und der Liebe. Er ist überzeugt, daß wer auch immer auf diese Werte setzt, letztendlich nicht scheitern kann.

Seine Gegner wollen ihn kompromittieren, indem sie ihn in eine paradoxe Situation bringen durch die Frage: „Sollen wir dem Kaiser Steuern zahlen?" Sagt Jesus ja, dann verschreien sie ihn als Kollaborateur mit der Besatzungsmacht. Sagt er nein, dann beschuldigen sie ihn als Volksaufwiegler. Für Jesus ist diese Frage von gestern, denn in der neuen Zeit, die mit ihm beginnen soll, geht es gar nicht mehr um solche Alternativen, weil bereits das Neue beginnt, das Reich des Geistes.

Jesus war kein blinder Ideologe. Er kannte den Zweifel und die Angst, und dennoch blieb eine tiefe Überzeugung in ihm unerschüttert: der Beginn des Reiches Gottes als einer Welt des Geistes.

Jesus begegnete dem Widerstand und der Ablehnung durch die herrschende Schicht seines Volkes. So enttäuschend dieses Nein für ihn war, so wenig ließ er sich doch dadurch verunsichern. Er zog entschlossen nach Jerusalem, wohl wissend, daß es dort zur Entscheidung kommen müsse.

Jesus geht es um eine Welt des Geistes, in der die Menschen auf geistvolle Weise miteinander leben, arbeiten, gestalten. Eine Welt frei von Machtkämpfen und Rivalitäten. Er verfügt über eine große innere und äußere Freiheit von den Dingen. Er kann sie nutzen, sie genießen und sie ebenso lassen, denn es geht ihm um mehr. Um dies zu erreichen, verfügt er über einen weitgespannten Bogen von Fähigkeiten, die er einsetzt, um sein Ziel zu erreichen, eine geistige Bewegung zu schaffen, die seit inzwischen 2000 Jahren die Menschen bewegt.

Meditation

Nach der Lektüre des vorausgehenden Textes ist es Ziel der folgenden Betrachtung, sich mit etwas aus dem Leben des Jesus von Nazareth so zu beschäftigen, daß man sagen kann: „Ja, so möchte ich auch sein, das möchte auch ich, das beeindruckt mich an ihm, ich will auch in meinem Leben danach streben, es zu verwirklichen."

Es folgt die Vorbereitung durch die Einnahme der Haltung. Dann stellt man sich eine Szene aus der Gegend vor, in der Jesus gelebt hat, oder wie er damals gewirkt hat. Man achtet dann darauf, was in einem vorgeht, und notiert es nach Abschluß der Übung.

Moses

Wenn wir uns in dieser zweiten Phase der Geistlichen Übungen mit Jesus oder mit Moses beschäftigen, so nicht, um in maßloser Selbstüberschätzung ein Abbild von ihnen werden zu wollen, sondern um über die Identifikation mit ihnen ihre geistige Einstellung in uns aufzunehmen. Dadurch hoffen wir, unseren Entscheidungen eine neue Qualität zu geben.

Thema der folgenden Betrachtung ist Moses, der Stammvater Israels, auf den Jesus sich gemäß der Überlieferung immer wieder bezogen hat.

Stellen wir uns vor, wie sich vor drei- bis viertausend Jahren zwei feindliche Mächte gegenüberstanden. Der Pharao und die Götter Ägyptens einerseits und andererseits ein Mann, allein und arm, nur im Besitz eines unverständlichen Namens, der eines Gottes ohne Tempel, ohne Bild, ohne Geschichte, ohne Priester, ohne Reich. Alles ruht auf der inneren Überzeugung des Moses, auf der Macht eines unaussprechlichen Namens.

Es war utopisch, das Leben des Moses; sein Gott ohne Gesicht und ohne Form, ein Name ohne Namen.

Es war utopisch, ein Volk von Sklaven der Gewalt eines Tyrannen entreißen zu wollen, der gottgleich an der Spitze eines mächtigen Reiches stand.

Es war utopisch, aus diesem Haufen von Flüchtlingen ein organisiertes Volk machen und es an den Grenzen zu mächtigen Reichen installieren zu wollen, an den Grenzen zu Ägypten, Mesopotamien, Syrien.

Und es war utopisch, diese Aufgabe als universellen Auftrag und Instrument zur Versöhnung der Völker zu verstehen, damit „der Wolf und das Lamm zusammen in Frieden leben und die Waffen zu Pflugscharen werden.“

Die Geschichte des Moses ist die Geschichte einer Beziehung zum Anderen und ein Beispiel für den Einfluß der Umgebung auf den einzelnen, der sich von diesem Einfluß aber nicht niederdrücken läßt, sondern ihn gestaltet und dem Lauf der Geschichte eine neue Richtung gibt. Sie ist auch eine Darstellung der Etappen, die jeder Mensch in der Begegnung mit sich selbst und der Welt, die ihn umgibt, überwinden muß.

Jakob, ein Stammvater Israels, hat zwölf Söhne, der jüngste ist Josef. Seine Brüder sind auf ihn eifersüchtig und werfen Josef in eine leere Zisterne. Dort wird er von einer Karawane gefunden und nach Ägypten verkauft. In Ägypten wird er wegen seiner Traumdeutung bekannt. Der Pharao hat einen Traum, den niemand deuten kann. Deshalb wird Josef geholt und gelangt so an den Hof. Der Traum handelt von sieben fetten Kühen, die von sieben mageren gefressen werden, und von sieben schönen Weizenähren, die von sieben ausgetrockneten verschlungen werden. Josef deutet den Traum als kommende sieben Jahre des Überflusses und daran anschließend sieben Jahre der Hungersnot. Er empfiehlt, Speicher zu bauen und Reserven anzulegen.

Der Pharao ist angetan von Josefs Weisheit und folgt seinem Rat. In der Zeit der Not kommen auch Nachbarvölker, um aus den Speichern Ägyptens Nahrung zu kaufen. Dadurch erhöhen sich Macht und Reichtum des Pharaos. Josef holt seine Angehörigen nach Ägypten, wo sie sich auf Weisung des Pharaos in der fruchtbarsten Gegend ansiedeln. Es vergehen vierhundert Jahre bis zu Moses. Es regiert nun ein anderer Pharao, dem die Geschichte des Josef unbekannt ist.

Die Hebräer sind eine große Volksgruppe geworden. Ihre Zahl und ihr Einfluß sind in den Augen des Pharaos eine Gefahr für die Machtverhältnisse in Ägypten. Er ordnet an, daß alle neugeborenen hebräischen Knaben von den Hebammen bei der Geburt getötet werden. Deshalb bringt Moses' Mutter ihr Kind ohne Hebamme zur Welt und legt es in einen wasserdichten Korb, den sie dem Nil anvertraut. Die Schwester folgt dem Korb. Dieser wird von der Schwester des Pharaos aufgefischt. Gestillt von seiner Mutter als Amme, wird Moses von der Prinzessin am Hof des Pharaos erzogen, wo er als ägyptischer Prinz aufwächst.

Inzwischen müssen die Hebräer Zwangsarbeit verrichten. Bei einer Besichtigung beobachtet Moses, wie einer von ihnen von einem ägyptischen Aufseher ausgepeitscht wird. Moses, der eine Ahnung seiner Herkunft hat, tötet den Ägypter und muß daraufhin fluchtartig das Land verlassen.

Er gelangt nach Madian, wo er von Jethro als Hirte aufgenommen wird. Er heiratet Jethros Tochter, diese gebiert ihm einen Sohn. Bei einem Aufenthalt in der Wüste sieht er einen brennenden Dornbusch und erlebt eine Gottesbegegnung. Daraufhin kehrt er nach Ägypten zurück und verlangt vom Pharao die Freilassung seines Volkes, der Hebräer. Dieser willigt erst nach sieben leidvollen Ereignissen, den sieben Plagen, ein. Es beginnt damit der Exodus und eine vierzig

Jahre dauernde Reise durch die Wüste. Diese Zeit ist gekennzeichnet durch Krisen und Aufstände des Volkes gegen Moses. Das Volk will wieder nach Ägypten, weil es dort wenigstens gut versorgt war. Schließlich erreichen die Hebräer das „gelobte Land", das aber von Moses nicht mehr betreten wird.

Die seelische Entwicklung des Moses verläuft entsprechend der menschlichen Entwicklung überhaupt über mehrere Phasen.

Nach der Geburt erfährt der Neugeborene unbekannte Frustrationen, die sein Wohlbefinden stören. Er entwickelt Impulse der Zuneigung und der Zerstörung. Entscheidend ist die Verbindung beider Impulse in der Weise, daß Zuneigung die Destruktivität überlagert. Dazu ist eine hinreichend wohlwollende Umgebung erforderlich (Jeammet, 1993, 72 f.).

Das Kind lernt schließlich, sich als eine von anderen Menschen getrennte Person zu erfahren, seine Bedürfnisse von denen anderer zu unterscheiden und die Autonomie der anderen zu respektieren.

Über die Identifikation mit dem Vater als der dritten Person übernimmt es Normen und Werte der Gesellschaft und erwirbt seine Verantwortung für das eigene Handeln.

Moses wird in eine Umgebung hineingeboren, in der für hebräische Jungen das Geborenwerden sterben bedeutet. Es ist eine Welt der Verwirrung, in der Leben zeugen töten heißt, eine Welt, wo Liebe und Haß, Gutes und Böses unentwirrbar vermischt sind. Dieses Tohuwabohu der äußeren Welt erschwert es ihm, in seinem Inneren Klarheit zu schaffen.

Moses entrinnt dem Tod. Zwei Frauen widersetzen sich einem Mann, der den Tod bringt, und retten Moses das Leben. Die ägyptische Prinzessin verteidigt ein Leben, ohne auf Herkunft oder Volkszugehörigkeit zu achten, ohne sich dem Gesetz des Pharaos zu unterwerfen. Das Leben eines Menschen war ihr wichtiger als ihr eigenes. So fühlt sich Moses sowohl seiner hebräischen Mutter als auch der ägyptischen Prinzessin verbunden.

Der Pharao kennt über sich keinen Herrn. Er kennt keine Norm außer der eigenen. Er lebt außerhalb jeder gegenseitig verpflichtenden Bindung. Er symbolisiert die brutale, allmächtige Gewalt.

So beginnt Moses sein Leben in einer Welt der Verwirrung und Bedrohung, verdankt sein Leben zwei Frauen verschiedener Herkunft und sieht sich einer Vatergestalt gegenüber, die selber keinem Gesetz untersteht und Willkür und Allmacht repräsentiert.

Dann wird er Zeuge, wie ein Ägypter einen Hebräer schlägt. Diese Tat löst in ihm den Wunsch nach einer haßerfüllten Rache aus, und er erschlägt den Ägypter, vom Haß überwältigt, ohne Wirklichkeitsbezug.

Daraufhin sieht er sich mit einem Bild von sich konfrontiert, das unvereinbar ist mit dem Bild, daß er sich von sich selbst gemacht hat. Sein Haß und seine Tat sind von einem unbewußten Schuldgefühl gespeist, weil er, Moses, allein gerettet worden und am Hof des Pharao aufgewachsen ist, weil er die Tatsache akzeptiert hat, gleichsam ein miserabler Verräter seiner Brüder zu sein. Um sein Selbstbild wiederherzustellen, muß er schnell etwas tun, um zu beweisen, daß er unschuldig ist. Aber in seiner Tat identifiziert er sich mit dem Pharao und handelt wie dieser, ohne Gesetz und Recht zu achten.

Ägypten ist für Moses ein Land der unaufgelösten Widersprüche. So hat der Mord ebenfalls widersprüchliche Beweggründe: Moses hat Mitleid mit der Prinzessin als umfassend gute Mutter, empfindet aber haßerfüllte Rache dem Pharao gegenüber, der als umfassend schlechter Vater den Befehl gab, alle neugeborenen Hebräer zu ertränken. Moses weiß, daß er Hebräer ist und sein Leben der ägyptischen Prinzessin verdankt, weil diese dem Pharao nicht gehorcht und dabei ihr eigenes Leben riskiert hat. Daraus erwächst ein inniges Verhältnis zwischen dem kleinen Jungen und seiner Mutter. Denn der Junge fühlt sich verpflichtet, ihr die gleiche ungeteilte Liebe zukommen zu lassen. Es entsteht ein Paradies zu zweit.

Dieses enge Mutter-Sohn-Verhältnis erlaubt es Moses nicht, sich dem Pharao zu nähern. Denn dies würde bedeuten, seine Mutter zu verraten und die Morde an seinen Brüdern zu billigen.

Aber auch der Pharao mit seinem Allmachtsanspruch läßt dem Kind keine Chance zu einer konstruktiven Auseinandersetzung, um allmählich seine Gefühle der Liebe und des Hasses zu integrieren. So kann diese Spaltung der Gefühle nicht überwunden werden. Der unbewußte Haß auf den Pharao führt zum Mord am Aufseher.

Zwei Hebräer haben seinen Mord gesehen. Moses ist einer geworden, der willkürlich handelt und tötet. Er beginnt sein Leben als Mann mit einem Mord. Er entdeckt, daß er seinen Status nicht aufrechterhalten kann, und riskiert, schließlich nirgends mehr hinzugehören. Er ist sich selbst fremd geworden. Er wollte großzügig und selbstlos sein und wird statt dessen als Mörder gesucht. Warum hat er alle gegen sich? ,,Wer hat dich zu unserem Chef und Richter erhoben? Wer gibt dir die Autorität?" so wird er von seinen Brüdern, den Hebräern, gefragt. Wer nicht einer Gemeinschaft angehört und Gerechtigkeit schaffen will, der erzeugt nur Ungerechtigkeit, denn Recht schafft er so nur aus sich selbst heraus; das bedeutet nichts anderes, als die Omnipotenz des Pharao zu imitieren.

Die Mordtat ist für Moses ein Trauma, das seine ganze fragile Persönlichkeitsstruktur erschüttert. Seine unbewältigten inneren Widersprüche lassen ihn wie ein Paria in ein fremdes Land fliehen. Aber das Böse, das er getan hat, enthält auch ein Gutes, denn er bekommt die Chance, sein Leben neu zu beginnen.

In der Entwicklung des Moses als Modell menschlicher Entwicklung überhaupt repräsentiert Ägypten die Phase der Konfusion von Haß und Liebe, von Verlust und Verschmelzung. Madian, das Land, in welches Moses flieht, ist die Phase, in der Moses über die Begegnung mit einem gesetzestreuen und wohlwollenden Vater lernt, sich klarer abzugrenzen und den anderen als autonomes Wesen zu respektieren.

Als Strafe für den Mord muß Moses fliehen. Hinter sich läßt er die ungeläuterte Liebe zur Prinzessin, eine unvollzogene Trennungsarbeit von seiner Mutter und den Haß gegen den Vater.

In Madian trifft Moses am Brunnen auf junge Mädchen, die er gegen Hirten verteidigt. Sie laden ihn nach Hause ein, wo er von deren Vater Jethro aufgenommen wird. Dieser, selbst dem Gesetz unterworfen, gibt ihm seine Tochter zur Frau. Sie gebiert ihm einen Sohn. Moses gründet also eine Familie und kümmert sich um die Herden Jethros. Er wird von einem Vater geachtet und von seiner Frau geliebt. Er gliedert sich in eine Gemeinschaft, in eine Tradition, in Bräuche und Gesetze des Landes ein. Die väterlichen Gesetze, die er aufnimmt, haben strukturierende Funktion für seine Beziehungen zu anderen. Die wohlwollende Autorität des Vaters erlaubt es ihm, Selbstwertgefühl und Stärkung seiner Identität zu entwickeln.

Madian ermöglicht Moses klärende innere Erfahrungen. Er wird geliebt, ist fähig, zu lieben und Leben zu zeugen.

Vor dem Mord war ihm seine Unschuld offenkundig. Danach verurteilen ihn alle als schlecht. Vor diesem Bild floh Moses; es war nicht vereinbar mit dem, was er von sich kannte. Madian verhilft ihm wieder zu einem guten Selbstbild. Der Mord, sein Haß, seine Gewalttätigkeit – es ist wie ein schlechter Traum.

Und seine hebräische Identität? Er läßt seine Familie im Glauben, er sei Ägypter. Und sein Wunsch, seinen Brüdern zu helfen? Seine Vergangenheit ist verdrängt, um wieder Selbstachtung aufbauen zu können.

Moses hat sich als unfähig erfahren, andere Lösungen zu entwickeln als den Tod. Es ist ihm gelungen, die Erinnerung daran zu verdrängen. Aber im Unbewußten sammelt sich alles an, was jeder von uns nicht von sich wissen will. Taten, Phantasien, vergangene Gefühle vermischen sich. Ihre Macht besteht darin, uns en bloc anzuklagen und uns in einem Schuldgefühl zu fangen, aus dem es kein Entrinnen gibt. So mußte Moses die Partie aufgeben und konnte nichts mehr für seine Brüder tun. Seine Lösung war: nichts mehr sehen, nichts mehr hören, sich nicht mehr erinnern, sich nicht mehr betroffen fühlen und keine Verantwortung mehr empfinden. Damit hält Moses die Zeit an, indem er seine Erinnerungen verdrängt und seine Gefühle unterdrückt.

So ist die Erinnerung an seine Tat als Kristallisationspunkt seiner archaischen Impulse noch immer, wenn auch verdrängt, als überschattendes Schuldgefühl in ihm. Es ist möglich, sich von diesem schlechten Selbstgefühl zu befreien, wenn es einen Raum gibt, sich wiederherzustellen und zu erneuern.

In Madian hat er sich als Ehemann, Vater und Hirte erfahren. Er hat Gesetze und Ideale verinnerlicht und Beziehungen mit Menschen erlebt, die er geliebt hat und die ihn geliebt haben. Er hat gelernt, den anderen nicht mehr nur als Verlängerung seiner selbst zu betrachten, sondern ihn in seiner eigenen Existenz anzuerkennen und in sich zu empfinden, was der andere empfindet. So hat Moses eine neue Freiheit in den Beziehungen zu den anderen, in einem Verhältnis der Gegenseitigkeit gefunden. Distanz und Verschiedenheit geben den Menschen und der Welt eine neue Fülle von Bedeutung. ,,La distance laisse chanter toute chose" (Rainer Maria Rilke).

So ist Moses bereit für das Erlebnis mit dem brennenden Dornbusch. Denn es heißt, daß eine Gottesbegegnung nur stattfinden kann, wenn die Menschen dafür offen sind.

Moses weidet die Schafherden Jethros, führt sie durch die Wüste und nähert sich dem Berg Horeb. Er achtet dabei darauf, daß seine Schafe nicht im Weidegebiet eines anderen grasen. Dort begegnet er Jahwe in Form von Feuerflammen, die mitten aus einem Busch hervorbrechen:

Als der Herr sah, daß er herüberkam, um aufzuschauen, da rief ihn Gott aus dem Dornbusche an und sprach: ,,Moses! Moses!" Er sprach: ,,Hier bin ich." Er sprach: ,,Komm nicht näher! Streif deine Schuhe von den Füßen! Denn der Ort, worauf du stehst, ist heiliger

Boden." Und er sprach: „Ich bin der Schutzgott deiner Väter, der Gott Abrahams, der Gott Isaaks und der Gott Jakobs." Da verbarg Moses sein Antlitz; denn er scheute sich, auf Gott zu blicken. Der Herr aber sprach: „Die Quälung meines Volks in Ägypten habe ich wohl bemerkt (...). So fuhr ich denn herab, es aus Ägyptens Hand zu lösen (...). Nun ist das Geschrei der Söhne Israels zu Mir gedrungen, (...). So geh! Ich sende dich zu Pharao. Und führe mein Volk, die Söhne Israels, aus Ägypten!" Moses aber sprach zu Gott: „Wer bin ich, daß ich zu Pharao gehe (...)?" Er sprach: „Ich selber werde ja mit dir sein." (Exodus 3, 4 – 12)

Gott spricht vom Elend der Hebräer, seiner Brüder, und spricht damit die verdrängten Wünsche des Moses nach Gerechtigkeit und Befreiung an. Wird Moses bereit sein, sich an sein eigenes Elend zu erinnern und wieder das Elend seiner Brüder zu übernehmen?

„Hier bin ich" – Moses drückt seine Bereitschaft aus, sich dem Anderen und Unerwarteten zu öffnen, eine Haltung, die er in seinem Leben immer deutlicher einnehmen wird. „Komm nicht näher! Streif deine Schuhe von den Füßen, denn der Ort, worauf du stehst, ist heiliger Boden." Gott macht ihm nochmals bewußt, daß er der ganz Andere ist, der von ihm Getrennte. Die Trennung als Voraussetzung jeder echten Begegnung.

„Ein Feuer, das nicht verbrennt" – ein Bild dafür, wie die gleichen Wünsche bei verschiedenen Personen existieren können, ohne zu zerstören, und auch verschiedene Wünsche in der gleichen Person. Drei Partner, Jahwe, Moses und die Hebräer, bilden eine Union ihrer Wünsche von einer Stärke, die sich ständig selbst erneuert. Es heißt: „Nichts kann vom Himmel herabsteigen, wenn es nicht eine Kraft gibt, die danach strebt." Auch Moses findet in dieser Verbindung des sich gegenseitig verstärkenden Wollens seine unerschöpfliche Kraft zum Weitergehen. In diesem Busch, der brennt, ohne zu verbrennen, äußert sich der Hunger nach Gerechtigkeit für jeden in einer Welt der gegenseitigen Akzeptanz, ein Hunger, „den selbst die großen Wasser nicht löschen können".

„Wer bin ich, daß ich zu Pharao gehe?" Es ist die Frage nach seiner Identität. Sie bildet sich aus allen Erfahrungen mit Elternfiguren und aus Beziehungen, die hinreichend gut waren, um als verinnerlichte Erfahrungen Orientierung zu bieten.

„Ich werde mit dir sein." Gott ist „Sein-mit-anderen". „Mit" bedeutet Verbindung, Nähe und Trennung. Der andere wird erlebt als ganz eins mit mir und gleichzeitig als fremd.

„Jahwe" – „Ich werde sein, der ich sein werde". Dieser Name drückt in seiner hebräischen Form eine Vergangenheit, eine Gegenwart und eine Zukunft aus. Es ist ein ganz alter Text, viertausend Jahre alt, erdacht, gelebt und überliefert seit den Anfängen menschlichen Denkens. Dieser Name ist der Schlüssel aller Befreiungskämpfe des Menschen. Die Götter waren Naturgewalten, durch Statuen und Tempel repräsentiert und angebetet. Jahwe hört auf, ein Objekt zu sein. Er offenbart sich als Person, als transzendentes Wesen, Wissen, Allmacht, Gott der Väter, Befreier Israels. Keine Statue, kein Mythos, kein magischer Ritus, ein Name, der mitten aus den Flammen des brennenden Rosenbusches auftaucht, ein Busch, der brennt und doch nicht verbrennt.

Jahwe gibt sich als Quelle und Ziel der Schöpfung, als Beispiel zwischenmenschlicher Beziehungen von nicht festgelegter Gegenseitigkeit. Er verbietet jedes geschlossene System und jedes statische Verständnis. Die Schöpfung versteht er als dynamisches Werk, das auf ein noch kommendes Ereignis hin ausgerichtet ist. Er eröffnet damit die Erwartung auf eine neue Schöpfung, auf einen Heilszustand, der vorzubereiten ist, auf den es hinzuwirken gilt und der ohne Vergleich mit dem sein wird, was bisher war, eine Welt des Geistes.

Jahwe fordert Moses auf, hinzugehen und in der Welt einen neuen Anfang zu machen. Dies veranlaßt Moses, Fragen zu stellen, Veränderungen zu schaffen, die ihn zu einem Akteur auf der historischen Szene der Welt machen.

Moses hatte zeitlebens kein Amt und blieb ohne Titel. Er war nicht König, nicht Priester, nicht Richter, hatte einen Sprachfehler. Dennoch setzte er die Befreiung der Hebräer gegen den Pharao und sein Weltreich durch. Er vollbringt die logistische Leistung, dieses Volk über 40 Jahre durch die Wüste zu führen, zeitweise gegen den Willen dieser Menschen. Sie wollten ja in die Sklaverei zurück, nur weil sie dort genug zu essen hatten. Moses installierte Israel am Rande von Großreichen, deren Sprachen heute niemand mehr spricht und deren Spuren nur noch die Archäologie beschäftigen. Das Land, in das Moses Israel geführt hat, liegt zwischen Ost und West, wo drei Weltreligionen ihren Ursprung nahmen, wo in unserer Zeit durch Friedensschlüsse eine neue Zeit beginnen kann, weit über Israel hinaus, gemäß dem Auftrag, wie ihn Moses verstanden hat, als universellen Auftrag, an der Vergeistigung der Welt weiterzuarbeiten.

Moses' Anfang war schwer, sein Leben ist von Beginn an bedroht. Auch in ihm herrscht Chaos: die Liebe zur Mutter, der Haß auf den Adoptivvater, den Pharao, blockieren seine Entwicklung, die nicht von Wohlwollen begleitet war. Er handelt haßerfüllt und isoliert sich. Sein Selbstbild wird erschüttert. Er erhält die Chance zu einem Neubeginn. Durch die Begegnung mit liebevollen und gerechten Menschen, die die Ordnung kennen, baut er Beziehungen zu anderen Menschen auf, von Liebe und Distanz geprägt. Er wird fähig, Nähe zu empfinden, Leben zu zeugen, Neues zu schaffen und die Ehrfurcht vor dem Anderen zu wahren. Diese innere Reifung befähigt ihn, in der Erfahrung des brennenden Dornbusches das ganz Andere zu erleben. Diese tiefe Erfahrung verändert sein Leben, doch nicht magisch oder schlagartig. Über den kritischen Dialog mit der ganz neuen Erfahrung entwickelt er sich weiter, überwindet immer wieder seine Schwächen und seine Zweifel. Moses vollbringt eine eindrucksvolle Managementleistung und liefert darüber hinaus einen Beitrag zur Vergeistigung der Welt, der bis in unsere Zeit reicht.

Meditation

Wir bereiten die Betrachtung über Moses vor, indem wir uns sein Leben und Werk bewußt machen, nehmen die Haltung ein, stellen uns die Bilder seines Lebens vor, lassen die Gedanken und Bilder auf uns wirken und achten darauf, was in uns geschieht, was wir dann wieder schriftlich festhalten.

Gandhi

Gandhi ist eine Jesus ähnliche Gestalt aus einer anderen Zeit und einer anderen Kultur. Wie Jesus hat er durch sein Leben einen großen Beitrag zur Vergeistigung der Welt geleistet, indem er sich bis zu seiner Ermordung, über Fasten, Schläge und Gefängnis, ganz eingesetzt hat für Frieden, Gerechtigkeit, Freiheit und Liebe.

Der Übende beschäftigt sich mit Gandhi, um seine Gedanken, Ideale und Handlungsweisen in sich aufzunehmen und sie als Kriterien für eigene Entscheidungen zu verwenden.

Als Grundlage dieser Überlegungen dient der Film „Gandhi" von Richard Attenborough, auf dessen Text wir uns hier beziehen. Es ist hilfreich, wenn der Übende sich diesen Film, der als Videofilm existiert, anschaut, um Bilder und Szenen immer wieder in seiner Phantasie entstehen zu lassen.

Der Film beginnt damit, daß sich Gandhi in den Garten begibt, um Gebete zu sprechen. Gandhi ist ein Mann des Gebetes, der die Stille und die Meditation sucht. „Am Ende seines Lebens war er ohne Besitz, ohne Titel, ohne Ämter. Er befehligte keine Armeen, wissenschaftliche Leistungen hat er nicht aufzuweisen." Aber er verfügte über eine geistige Kraft, die eine Weltmacht zum Weichen brachte.

Gandhi war von einer großen Idee beseelt, von Gerechtigkeit, Freiheit und Frieden und davon, daß „in der Geschichte der Weg der Wahrheit und der Liebe immer wieder gesiegt hat." Für diese Idee ist er „bereit zu sterben, aber es gibt keine Idee, für die (er) bereit (ist) zu töten." Gandhi weiß, daß sein Kampf um die Vergeistigung der Welt nicht geht, ohne Ungerechtigkeit hinzunehmen und Schmerzen und dennoch will er „nicht zurückschlagen und nicht weichen."

Gandhi will die Menschen miteinander versöhnen und miteinander verbinden, was getrennt war, Gegensätze überwinden, damit der Haß aus den Herzen verschwindet. „Hindus und Moslems, alle sind sie Kinder Gottes." Von sich selbst sagt er: „Ich bin ein Moslem und ein Hindu, ein Jude und ein Christ."

Nach den mörderischen Unruhen in Kalkutta, deren Ende Gandhi durch sein Fasten herbeigezwungen hat, kommt ein Hindu zu ihm, sagt, daß er ein Moslemkind umgebracht hat und die Hölle auf ihn wartet. Gandhi nennt ihm einen Weg aus der Hölle: „Zieh einen kleinen Jungen auf, zieh ihn wie deinen eigenen Sohn auf, vergewissere dich, daß er ein Moslem ist und zieh ihn wie einen Moslem auf."

Der Einsatz für seine Idee, für die er schließlich ermordet wird, hindert Gandhi nicht daran, selbstkritisch zu sein und das eigene Vorgehen in Frage zu stellen. Angesichts der blutigen Ausschreitungen sagt er: „Vielleicht habe ich mich geirrt, vielleicht sind wir doch nicht in der Lage." Als die Unruhen kein Ende nehmen, geht er selbst nach Kalkutta, um dort zu fasten. Verzweifelt sagt er: „Ich habe nichts mehr, das ich geben könnte", und er fordert von sich und seinen Freunden, „daß wir uns selbst immer wieder in Frage stellen."

Voller Mut und Entschlossenheit führt Gandhi die Auseinandersetzungen mit den Engländern. Als er von London nach Südafrika kommt, benutzt er, wie in England für einen Anwalt üblich, ein Abteil 1. Klasse. Mit der Begründung, daß es in Südafrika keinen farbigen Anwalt gebe, der autorisiert sei, die 1. Klasse zu benutzen, fordert ihn der Schaffner auf, das Abteil zu verlassen. Gandhi erwidert ihm, daß es wenigstens einen farbigen Anwalt gebe, der davon Gebrauch mache. Statt nachzugeben, nimmt Gandhi in Kauf, samt Gepäck gewaltsam aus dem Zug zu fliegen und auf dem nächsten Bahnsteig zu landen.

Bei seiner Reise durch Indien zieht Gandhi immer mehr Aufmerksamkeit auf sich, so daß ihn an einem Bahnhof eine große Menschenmenge erwartet. Als Gandhi den Zug verlaßt, sagen ihm zwei englische Polizisten, sichtlich überfordert, daß er dort nicht willkommen ist. Gandhi antwortet ihnen: „Die andern scheinen es aber zu wollen." Darauf die Engländer: „Am besten, Sie steigen wieder in den Zug." Gandhi erwidert: „Ich bin Inder und reise in meinem Land." Durch seine offene Art zu kommunizieren, seine Fähigkeit, die Dinge immer wieder auch anders zu sehen und zu sagen, beeindruckt er immer wieder Freunde und Gegner. So sagt er zu den Engländern, sie sollen erkennen, daß sie Herren in einem fremden Land sind: „Es wird Zeit für Sie zu gehen." Ein Engländer erwidert: „Sie denken doch nicht, daß wir so einfach weggehen." Gandhi: „Doch!" Gandhi hat über die Idee, die sein Leben bestimmt, so tief nachgedacht, daß er sie auch gut ausdrücken kann. Er verfügt über gründliches Wissen und kann kompetent argumentieren. Als ein Richter zu ihm als Anwalt sagt: „Ich nehme an, Sie verteidigen sich selbst", antwortet er ihm: „Ich verteidige mich nicht nach Ihrem Rechtssystem."

Doch Gandhi ist bei allen Auseinandersetzungen auch versöhnungsbereit. Zu einem englischen Beamten sagt er: „Ich habe Sie mit meinen Aktionen irritiert, doch ich hoffe, das steht nicht zwischen uns als Menschen." Als die Briten Indien verlassen, sagt Gandhi: „Wir sind einen langen Weg zusammen mit den Briten gegangen. Wenn sie gehen, wollen wir uns als Freunde trennen."

Ein großes Anliegen Gandhis ist, daß sein Leben mit seinen Ideen übereinstimmt. Deshalb fährt er nach seiner Ankunft mit dem Zug durch Indien. Jemand sagt ihm: „Gehen Sie auf die Suche nach Indien." Gandhi will leben wie ein Inder, gemeinsam mit den Millionen anderen auf den Feldern stehen. Das selbstgewobene Tuch trägt er mit Würde, dem Diener aus der Kaste der Unberührbaren

nimmt er das Tablett ab; er ist sich nicht zu gut, um seine Freunde zu bedienen. Gandhi verkündet nicht nur seine Überzeugungen, er stellt sie durch sein Leben dar.

Als ein Amerikaner sich von Gandhi verabschiedet, sagt er ihm: „Es gibt für uns keinen Abschied. Wo Sie auch immer sind, Sie werden immer in meinem Herzen sein." Es ist diese geistige Gemeinschaft, die ihn mit den Menschen weit über Indien hinaus verbindet.

Meditation

Wir bereiten die Betrachtung des Lebens von Gandhi vor, indem wir diesen Text lesen, vielleicht den Film anschauen oder Bilder von Indien betrachten. Ziel dieser Betrachtung ist es, sich in sein Leben hineinzuversetzen, zu erleben, wie er zu einer weiteren Vergeistigung der Welt beigetragen hat, um seine Werke und Handlungsweisen möglicherweise zu Kriterien der eigenen Entscheidungsfindung zu machen.

Wir nehmen dann die Meditationshaltung ein, stellen uns die Bilder seines Lebens vor, lassen die Gedanken und Bilder in uns entstehen und achten darauf, was in uns geschieht. Nach der Betrachtung notieren wir wieder, was wir beobachtet und erkannt haben.

Inhalt der Betrachtungen in diesem zweiten Teil der Geistlichen Übungen sind das Leben des Jesus von Nazareth, des Moses und Gandhis, die in seinem Geist gelebt haben. Ziel ist es, eine intime Kenntnis dieses Geistes und dieser Gesinnung zu erwerben und über die Identifikation mit diesen Gestalten ebenso zu denken und zu handeln, in seinem Leben die gleichen Werte darzustellen und so wie sie zur Vergeistigung der Welt beizutragen. Dabei soll dieses Verlangen aus der tiefen Kenntnis dieser Personen kommen und nicht allein eine Willensentscheidung bleiben, so daß die Nachahmung zu einem inneren Anliegen wird, statt nur eine intellektuelle Erkenntnis zu bleiben.

Die Methode der Entscheidungsfindung nach Ignatius von Loyola

Zur Vorbereitung

Nach der Besinnung auf die grundsätzliche Aufgabe des Menschen, nach der läuternden Betrachtung des eigenen Zögerns und krampfhaften Festhaltens am Bisherigen, nach der Identifikation mit jenen, die vorbildhaft ihrem Auftrag entsprochen haben, stellt sich die Frage nach der eigenen Zielsetzung und Neuorientierung. Der Übende wird eingeladen, sich in die ignatianische Entscheidungsmethode einzuarbeiten. Ausgangspunkt ist eine Frage, die zur Entscheidung ansteht, hier die Frage nach der eigenen Grundeinstellung, die als Basis dient, um anschließend auch die Fragen des täglichen Lebens zu entscheiden. Bei diesen Betrachtungen fragt der Übende immer wieder: „Wenn Jesus, Moses oder Gandhi dieses oder jenes geleistet haben, was bedeutet dies dann für mich, welche Folgen kann ich für das eigene Leben ziehen, soll ich für mich bei konkreten Fragen so oder nicht so entscheiden?"

Um Antwort auf diese Fragen zu bekommen und sich dann entscheiden zu können und damit diese Entscheidung jene ganz besondere Qualität erhält, beginnt der Übende zunehmend auf das zu achten, was in ihm vorgeht. Bei welcher Überlegung, bei welchem Gedanken oder bei welchem Bild entstehen angenehme Gefühle, eine erfreuliche Stimmung, entspannt sich der Körper, tritt eine große innere Ruhe ein? Diese Zustände gilt es nun besonders zu beachten und ihre Inhalte sorgfältig zu notieren.

Die folgenden Betrachtungen dienen dazu, den Übenden in eine Entscheidungssituation zu stellen, in der er für sich eine Grundorientierung wählen soll. Dabei soll er erste Erfahrungen mit der ignatianischen Weise der Entscheidungsfindung machen. Im Verlauf dieses Teils wird der Übende in deren Methodik eingeführt.

Die Einladung mitzuwirken

Ignatius empfiehlt eine Betrachtung, bei der sich der Übende einen König vorstellen soll, der seine Untertanen aufruft, sich ihm anzuschließen und keine Mühe zu scheuen, um mit ihm das Reich des Friedens auf der ganzen Welt zu verwirklichen. Die Anregungen des Ignatius zu dieser Betrachtung sind aus dem monarchischen Kontext seiner Zeit zu verstehen. Wir nehmen uns die Freiheit, seine Gedanken in unsere Sprache zu übertragen.

Versetzen Sie sich in die Zeit Jesu und stellen Sie sich vor, im Palästina der damaligen Zeit unterwegs zu sein. Am See Genezareth begegnen Sie Jesus. Er erklärt Ihnen sein Vorhaben, das Reich der Gerechtigkeit und des Friedens aufzubauen durch einen Prozeß, der sich über Jahrtausende hinzieht, dessen Gelingen aber davon abhängt, wie viele Menschen sich mit ihrer ganzen Energie dafür einsetzen. Er fragt Sie, ob Sie bereit wären, dabei mitzuwirken, und bittet Sie um Ihr Engagement. Er weist allerdings darauf hin, daß dies mit Mühen, Unbequemlichkeit und Entbehrung verbunden ist. Jesus betont, daß nur derjenige mitkommen könne, den es danach verlangt, sich für diese Vergeistigung der Welt einzusetzen. Ein großes Verlangen, sich für diese Vision abzumühen, ist Voraussetzung, um der Einladung zu folgen. Was antworten Sie darauf?

Anschließend versetzen wir uns in das alte Ägypten zur Zeit der Pharaonen. Wir stellen uns das Heer der Sklaven vor, deren Leben sich auf den Bau der Pyramiden beschränkt. Sie müssen vorwiegend Steine herrichten und transportieren. Stellen Sie sich vor, wie Sie bei einer Reise durch die Wüste in einer Oase Moses begegnen. Er schildert Ihnen sein Vorhaben. Am Beispiel der Hebräer, die er aus der Knechtschaft in ein verheißenes Land führen will, zeigt er auf, wie in einem Prozeß durch die Jahrhunderte eine Befreiungsarbeit zu leisten ist, die zu einer Welt führt, die von der Freiheit des menschlichen Geistes geprägt ist. Moses teilt Ihnen mit, daß er ganz tief von dieser Bestimmung des Menschen überzeugt ist, daß allerdings der Weg dorthin in unsere Verantwortung gelegt ist und daß dieser Weg durch die Wüste führt, vorbei an den Gefahren der Resignation und Enttäuschung. Moses bittet Sie mitzukommen, allerdings nur, wenn Sie in sich ein großes Verlangen danach verspüren, an diesem Werk mitzuarbeiten. Welche Antwort geben Sie Moses?

Stellen Sie sich vor, Sie sind in Indien unterwegs, und malen Sie sich aus, wie das Land noch von den Engländern beherrscht wird und Gandhi den gewaltlosen Kampf um die indische Unabhängigkeit führt. Sie kommen auf Ihrer Reise auch in das Dorf, in dem Gandhi lebt und von wo aus er den Unabhängigkeitskampf inspiriert. Sie teilen ihm mit, wie sehr Sie von seiner Idee des passiven Widerstandes angetan sind, und fragen ihn, ob Sie auch einen Beitrag leisten können. Gandhi korrigiert Sie zunächst, indem er Sie darauf hinweist, daß sein Widerstand nicht passiv sei, sondern ganz aktiv, aber gewaltlos, und daß er am Beispiel des gewaltlosen indischen Befreiungskampfes den Menschen die Botschaft von der Kraft des Geistes und seiner weltverändernden Kraft senden möchte. Gandhi sagt Ihnen, daß Sie für Indien nichts tun können, weil dies allein die Aufgabe der Inder sei, daß er Sie aber bitte, an Ihrem Ort diese Botschaft von der phantasievollen Gewaltlosigkeit und der weltverändernden Kraft des Geistes durch Ihr eigenes Leben darzustellen und weiterzutragen. Er warnt Sie allerdings vor den Rückschlägen, den enttäuschenden Erfahrungen und Mühsalen und weist Sie darauf hin, daß ein ganz starkes Verlangen erforderlich sei, diesen Weg zu gehen, um durchhalten zu können. Am Ende Ihres Gespräches fragt Gandhi Sie, ob er also mit Ihnen werde rechnen können. Was antworten Sie ihm?

Meditation

Im Verlauf dieser Betrachtung gilt es besonders darauf zu achten, bei welcher Antwort, bei welcher Überlegung die größere Ruhe eintritt, das bessere Gefühl, die tiefere Entspannung. Diese Beobachtungen sind dann wieder sorgfältig zu notieren.

Betrachtung über die zwei Banner

Die Betrachtung über die zwei Banner ist von Ignatius in den Geistlichen Übungen für die Phase der Vorbereitung der Entscheidung vorgesehen. Er zeigt dabei auf, daß zwei entgegengesetzte Strömungen in der Welt und in uns selber am Werk sind. Dem Bestreben nach Vergeistigung der Welt wirkt eine Kraft entgegen, die das Geistlose betont, das Banale, die Zerstörung, das Böse. Ignatius weist auf die Ströme des Elends hin, die durch die Menschheitsgeschichte fließen und von dieser Zerstörungskraft zeugen. Dieser Macht des Bösen verleiht er in Luzifer eine Gestalt, die als Chef des Bösen und Feind des Menschen gegen Jesus und jene, die in seinem Sinne handeln, antritt. Diese Personifizierung sollen wir uns bildhaft vorstellen in Form der beiden Städte Jerusalem und Babylon. Wir sollen uns dabei auf die Werte besinnen, die sie jeweils darstellen, um dadurch zu jener Klarheit zu finden, die Voraussetzung für qualifizierte Entscheidungsprozesse ist. Die Methode für diesen Klärungsprozeß besteht in der Besinnung auf die Werte, wie sie von Jesus, Moses, Gandhi und vielen anderen vertreten werden und deren Vergleich mit den Werten, die von der Gegenseite, symbolisiert durch Babylon, angepriesen werden.

Der Grundvorgang des menschlichen Entwicklungsprozesses bedeutet, von sich weg und zum Anderen hinzugehen, über die Erfahrung des Verzichts und der Mühen. Wir haben es dargestellt als Orientierung des Menschen auf Gott hin, auf eine über ihn hinausweisende Idee und auf die Welt als Ort seiner Selbstverwirklichung in anderen Menschen. Babylon bedeutet die Perversion dieser Beziehungsstruktur, indem sich der Mensch vom Anderen abwendet und sich ganz auf sich zurückzieht. Babylon bedeutet ein Verhältnis zur Welt auf dem Niveau der Bedürfnisbefriedigung. Die Welt und die Menschen sind dazu da, den eigenen Bedürfnissen zu dienen. Es herrschen dort Neid, Eifersucht, Gier. Allerdings wirbt der Fürst von Babylon mit der Verheißung von Reichtum, Ehre, Stolz. Reichtum bedeutet ein Leben ohne Mühsal, in Luxus und Bequemlichkeit.

Ehre heißt Ansehen und Geltung bei anderen, Bewunderung und Selbstwertgefühl von außen. Stolz zeigt sich als Selbstdarstellung und als das Erlebnis, überall im Mittelpunkt der Aufmerksamkeit zu stehen. Babylon ist ein Ort der Lüge und der Täuschung.

Jerusalem im Sinne des himmlischen Jerusalems steht für den Menschen, der den Verzicht geleistet, sein Verlangen nach dem Anderen befreit hat und dem Anderen in Ehrfurcht begegnen kann. Seine Grunderfahrungen sind Dankbarkeit und Großzügigkeit. Der Einsatz für die Weiterführung des Anliegens der Evolution verlangt das, wofür Jerusalem auch steht:

- Armut, d. h. die Freiheit von der Notwendigkeit, Sachen zu besitzen, von ihnen abhängig zu sein;
- Selbstverleugnung, d. h. der Verzicht auf Handlungen, die vor allem die Bedeutung der eigenen Person unterstreichen sollen;
- Demut oder Bescheidenheit als Einsicht, daß jede Leistung auf dem Zusammenwirken vieler beruht.

So kommt es, daß Entscheidungen im Geiste von Babylon eher selbstbezogen, geltungsorientiert und von irrationalen Kräften bestimmt ausfallen. Bei Entscheidungen im Sinne von Jerusalem geht es um die Suche nach der jeweils besseren Lösung, um eine rationale und sachbezogene Vorgehensweise, die befreit ist vom Zwang ichbezogener Bestrebungen.

Die Handlungsweise im Sinne von Babylon ist eigensüchtig, von unbewußten Einflüssen entstellt und der Wirklichkeit eher entfremdet. Bei Schwierigkeiten sind die Ausdauer und das Durchhaltevermögen schwach. Im Sinne von Jerusalem handeln bedeutet rational und wirklichkeitsgerecht vorzugehen und Schwierigkeiten durchstehen zu können.

Meditation

Bei dieser Betrachtung ist die phantasiemäßige Inszenierung der beiden Städte eine deutliche Schwarzweißzeichnung: das lichte Jerusalem als Metapher des Geistes und das düstere Babylon als Ort der Eitelkeiten. Die Kriterien der Unterscheidung sind Armut, Selbstverleugnung und Bescheidenheit gegen Luxus, Geltung und Selbstdarstellung. Es stellen sich Fragen nach den eigenen Eitelkeiten und nach dem, was sie verhindern und was doch sachlich besser oder dringend wäre. Fragen nach dem Bestreben, selber im Zentrum zu stehen statt anderen auch Erfolge zu gönnen. Fragen nach den eigenen Ansprüchen, die immer größer werden. Die Entweder-oder-Situation, Jerusalem oder Babylon, soll der Übende auflösen, indem er sich entschlossen für eine Stadt entscheidet, dadurch daß er klärt, wo er hingehören will, für welche Leitidee er sich in seinem Leben entscheiden will, um was es ihm im Wesentlichen geht. Er denkt auch über die konkreten Folgen für sein praktisches Leben nach. Je nachdem, wie er sich entscheidet, stellt er sich vor, daß er um Aufnahme in Jerusalem oder Babylon bittet.

Die drei Stufen der Bescheidenheit

Der Entscheidungsvorgang wird entstellt, wenn eigensüchtige und zwanghafte Bestrebungen in ihn einfließen. Daher und damit bei der ignatianischen Entscheidung das Göttliche zu Wort kommt, sie also eine ganz besondere Qualität annimmt, auf der ihre Bedeutung für die Praxis beruht, empfiehlt Ignatius eine letzte Überlegung in drei Stufen:

- Erste Stufe: Der Übende macht sich bewußt, daß er in eine menschliche Gesellschaft integriert ist, in deren Ordnung er hineingewachsen ist, und daß er sich einem übergeordneten Gesetz, einer Ethik unterordnet. Der Mensch bestimmt nicht allein, er ist nicht das Maß aller Dinge, sondern dient auch einer größeren Gemeinschaft.

- Zweite Stufe: Wenn jemand vor der Wahl steht, bei der er sich einerseits für die Verwirklichung seiner persönlichen Interessen und andererseits für die Verwirklichung einer übergeordneten Idee entscheiden kann, dann ist er bereit, die eigenen Interessen zurückzustellen und sich für das einzusetzen, was mehr dem übergeordneten Ziel dient.
- Dritte Stufe: Von dieser übergeordneten Idee ist er so sehr angetan, sie ist zur Leitidee seines Lebens geworden. Die Identifikation mit den Gestalten, die sie in besonderer Weise leben, hat ihn so angesprochen, daß er immer mehr wünscht, so wie sie zu leben, ohne auf äußeren Aufwand angewiesen zu sein, ohne nach äußerem Ansehen zu streben, ohne die eigene Bedeutung zu betonen. Ja sogar so, daß er sich in einfachen Lebensbedingungen wohler fühlt als in aufwendigen, daß es ihm angenehmer ist, wenn er nicht beachtet wird, und daß er es besser findet, wenn andere Anerkennung erhalten. Es ist diese tiefe Bescheidenheit als Voraussetzung für gelingende Entscheidungen, bei denen es dem Wählenden nicht mehr um die egozentrische Selbstgeltung geht, sondern um die jeweils besseren Lösungen.

Ziel dieser Überlegung ist es, daß im Übenden das Verlangen entsteht, nach ähnlichen Kriterien zu leben wie Jesus, Moses, Gandhi; das Verlangen danach, ihre Lebensweise zu teilen, ohne auf Materielles angewiesen zu sein, bereit zu sein wie sie, Enttäuschungen zu ertragen und schmerzvolle Erfahrungen durchzustehen. Er soll sich dann fragen, auf welcher Stufe der Bescheidenheit er sich befindet und ob er nicht mehr tun will, um stärker zur Verwirklichung des großen Auftrages beizutragen.

Die Wahl – Zeiten der Entscheidung

Der Text über die Wahl steht im Zentrum der Geistlichen Übungen. Ihrer Vorbereitung und ihrer Vertiefung dienen die Meditationen und Betrachtungen. Die Wahl ist eine Gebrauchsanweisung für Entscheidungen, die von besonderer Qualität sein sollen, besonders wirklichkeitsnah und praxisrelevant. Um sich diese Methode der Entscheidungsfindung anzueignen, muß derjenige, der sich darum bemüht, ein Mensch des Verlangens sein. Er muß sich vom Zwang der Notwendigkeit befreit, auf seine unmittelbare Bedürfnisbefriedigung verzichtet und sein Verlangen nach dem ganz Anderen entwickelt haben. Dieses Verlangen ist ein Streben nach dem Anderen in seiner Eigenständigkeit, den ich als von mir getrennt respektiere und nicht zur eigenen Befriedigung gebrauchen will. Der Entscheidungsprozeß ist deshalb nicht mehr von eigensüchtigen Bestrebungen entstellt oder von Täuschungen bedroht. Die Betrachtungen über „die zwei Banner" und „die drei Stufen der Bescheidenheit" dienen der Läuterung der inneren Bestrebungen und vermitteln die Kriterien der Entscheidungsfindung, entledigt von Selbstbezogenheit und anderen oberflächlichen Beweggründen.

Die Befreiung seines Verlangens, sich für ein großes Werk einzusetzen und sich nach dem Vorbild von historischen Vorbildern durch Mühen und Enttäuschungen nicht abhalten zu lassen, führt den Übenden zu einer Wahl als Neuorientierung seines Lebens im Sinne einer Selbsterneuerung. Damit diese gelingt, empfiehlt Ignatius eine Methode.

Zunächst fordert er den Übenden wiederum dazu auf, sich auf seine Grundorientierung zu besinnen, auf die Idee, die über ihn hinausweist, und sich bewußt zu machen, daß es vor allem darum geht, in seinem eigenen Lebens- und Verantwortungsbereich zur weiteren Vergeistigung der Welt beizutragen. Alles andere ist diesem Anliegen unterzuordnen, hat ihm zu dienen oder kann auch aufgrund der inneren Freiheit beiseite gelassen werden.

Was kann Gegenstand der Wahl sein? Auf jeden Fall nur Dinge, die gut sind oder wenigstens nicht schlecht. Sie müssen konform sein mit dem Gesetz der Kirche, betont Ignatius. Für uns bedeutet dieser Hinweis, daß die Wahl eingebunden ist in die Ordnung der menschlichen Gemeinschaft, in der wir leben und der wir verpflichtet sind. Ignatius wendet sich gegen Subjektivismus als letzte Instanz, gegen die Willkür der subjektiven Erleuchtung und gegen den Kult der narzißtischen Selbstverwirklichungsbestrebung. Themen der Wahl können definitive sein, wie z. B. die Ehe oder der Ordensstand, Vater- oder Mutterschaft. Sie sind insofern definitiv, als sie, wenn sie einmal entschieden sind, nicht erneut zum Gegenstand der Wahl gemacht werden können, denn die soziale Verpflichtung steht höher, als daß eine solche Verpflichtung erneut in Frage gestellt werden könnte. Statt dessen soll auf die Vorbereitung der Wahl große Sorgfalt gelegt werden. Diese soll nicht durch ungeordnete Gefühle und unkluge Beweggründe, die „aus dem Bauch kommen", bestimmt werden. Die widerruflichen Themen hingegen können immer wieder einer Wahl unterzogen werden.

Ignatius unterscheidet drei verschiedene Zeiten oder Zustände, die für eine Entscheidung geeignet sind, immer die beschriebenen Vorbereitungen vorausgesetzt.

Die erste Zeit ist daran zu erkennen, daß eine starke innere Kraft den Willen so bestärkt, sich für eine Alternative zu entscheiden, daß für jede Art von Zögern kein Platz mehr ist. So führte das Erlebnis, das Paulus vor Damaskus hatte, dazu, daß er gar nicht mehr so weitermachen konnte wie bisher und sich vom Christenverfolger zum Begründer des weltweiten Christentums wandelte.

Die zweite Zeit, eine Entscheidung zu treffen, ist dann gekommen, wenn eine große innere Klarheit bei dem Gedanken an eine bestimmte Alternative eintritt; eine klare Überzeugung, daß dies jetzt der richtige Weg ist. Diese Klarheit tritt ein, nachdem der Übende beim Abwägen der verschiedenen Entscheidungsmöglichkeiten auf seine inneren Zustände geachtet hat. Wo hat er ein gutes Gefühl und wo ein schlechtes? Wo entspannt sich sein Körper und wo empfindet er Anspannung? Bei welchem Gedanken tritt eine innere Freude auf, bei welchem ein Störgefühl? Er muß noch üben, auf die Bewegungen zu achten, die sich in seinem Inneren ergeben, wenn er die verschiedenen Möglichkeiten abwägt, immer die vorbereiteten Übungen vorausgesetzt.

Die dritte Zeit, seine Wahl zu treffen, tritt bei großer innerer Ruhe ein, nachdem sich der Übende nochmals auf sein übergeordnetes Ziel besonnen hat und jetzt frei über seine natürlichen Fähigkeiten verfügt. Wenn eine Wahl also weder nach der ersten noch nach der zweiten Zeit zustande kommt, dann stehen dem Übenden jetzt noch zwei Wege offen, um dennoch eine Wahl zu treffen, die von der besonderen Qualität ist, die wir den ignatianischen Entscheidungsmethoden zuschreiben. Die erste Methode umfaßt sechs Schritte:

1. Der Übende formuliert eine Frage, die zur Entscheidung ansteht, wie z. B. „Soll ich dieses Stellenangebot annehmen oder nicht, soll ich mich für dieses Organisationskonzept entscheiden oder nicht, soll ich meinem Leben diese Grundorientierung geben oder nicht?"

2. Er besinnt sich dann auf seine übergeordnete, über ihn selbst hinausweisende Idee, indem er sich nochmals fragt, worauf es ihm in seinem Leben im Grunde ankommt. Aus dieser Überlegung gewinnt er den inneren Gleichmut gegenüber den Alternativen der anstehenden Entscheidung, so daß er weder die eine noch die andere mehr anstrebt, sich weder von der einen noch von der anderen stärker anziehen oder bestimmen läßt.

3. Nach der Besinnung auf seine übergeordnete Idee verdeutlicht er sich, daß er sich mit klarem Verstand zu der Lösung entschließen will, die ihm von seinen Überlegungen, die auf seiner Intelligenz beruhen, aufgezeigt wird.

4. Jetzt wägt er ab, wie viele Vorteile ihm die eine Alternative bringen würde, um sein übergeordnetes Ziel zu erreichen, und

auch wie viele Behinderungen und Gefahren damit verbunden wären. Dann fragt er sich, was geschieht, wenn er sich dagegen entscheidet, wie viele Vorteile einerseits, wie viele Nachteile und welchen Schaden andererseits er erwarten kann.

5. Auf der Grundlage dieser Abwägung von Vor- und Nachteilen denkt der Übende über die beiden Lösungen nach, schließt nochmals Bestrebungen aus, die vor seiner Vernunft nicht bestehen können, und trifft dann seine Entscheidung.

6. Wenn er seine Entscheidung getroffen hat, überprüft er, ob sie im Lichte seiner übergeordneten Idee Bestand hat und ob sie die Bestätigung des Göttlichen findet.

Die zweite Methode umfaßt drei Schritte, die für einen Entscheidungsprozeß jeweils dreimal durchlaufen werden:

1. Zuerst besinnt sich der Übende angesichts der zu treffenden Entscheidung darauf, daß seine Neigung zu einer bestimmten Alternative allein aus seiner Überzeugung von seiner übergeordneten Idee hervorgehen und allein das Göttliche als Quelle haben darf.

2. Er stellt sich dann einen Menschen vor, der ihm zwar nicht bekannt, der jedoch mit besonderen Qualitäten ausgezeichnet und dem er mit seinem ganzen Wohlwollen zugetan ist. Dann fragt er sich, was er diesem Menschen raten würde, wenn dieser vor der gleichen Entscheidung stünde wie er, immer im Hinblick auf das weiterreichende Ziel. So wie er diesem rät zu entscheiden, so handelt er dann selbst.

3. Die auf diese Weise gefundene Entscheidung gilt es wiederum im Lichte der übergeordneten Idee zu überprüfen, durch das Göttliche bestätigen zu lassen, und es ist wieder darauf zu achten, ob dies mit der Erfahrung inneren Friedens verbunden ist.

Die zweite Prüfung beginnt ebenfalls mit der Besinnung auf die übergeordnete Idee. Der Übende stellt sich nun vor, seine Todesstunde sei nahe, und er fragt sich, was er dann hinsichtlich dieser jetzt zu treffenden Entscheidung empfinden würde, welche Entscheidung er dann wünschte, getroffen zu haben, und danach entscheidet er jetzt. Diese Entscheidung unterzieht er nun wieder der Prüfung durch das Göttliche.

Im dritten Durchlauf besinnt sich der Übende zunächst wieder auf die übergeordnete Idee. Er stellt sich dann vor, er sei am Ende seines Lebens angekommen und habe Rechenschaft darüber abzulegen. Er überlegt, wie er dann wünschte, in der vorliegenden Sache entschieden zu haben, und achtet darauf, ob er dabei innere Freude, Ruhe und Wohlbehagen empfindet. Auch hier endet die Entscheidungsfindung mit einer Prüfung im Hinblick auf die übergeordnete Idee und mit einer Bestätigung der gefundenen Entscheidung durch das Göttliche.

Die ignatianische Entscheidungsfindung – ein Überblick

Ignatius unterscheidet drei Wege oder Zeiten der Entscheidungsfindung:

1. Eine starke innere Kraft führt zu einer bestimmten Entscheidung, beseitigt jeden Zweifel und alles Zögern, so daß mit großer innerer Klarheit gehandelt werden kann.
2. Das Erwägen der anstehenden Entscheidung und das Achten auf innere Vorgänge führen schließlich ebenfalls dazu, daß sich eine Entscheidung einfach anbietet.
3. Die Vorgehensweise beruht auf Vernunft und Intelligenz, verwendet das Abwägen von Vor- und Nachteilen. Empfohlen wird, sich in eine Beratungssituation, in die eigene Todesstunde oder in die Lage zu versetzen, einen Rechenschaftsbericht geben zu müssen.

Voraussetzung für das Treffen einer Entscheidung von besonderer Qualität sind in jedem Fall die Orientierung an der übergeordneten Idee und das Achten auf die inneren Vorgänge wie Ruhe, Friede, Entspannung und Freude.

Die dritte Phase: Überprüfen und vertiefen

Diese Phase dient dazu, die gefundene Entscheidung zu überprüfen und für sie die Bestätigung des Göttlichen einzuholen. Entspricht die Entscheidung dem, wozu das Göttliche angeregt hat? Habe ich mich getäuscht und für ein Zeichen des Göttlichen gehalten, was doch nur ein persönliches Bedürfnis war?

Die Betrachtungen in dieser Phase haben verschiedene Szenen aus dem Leben des Jesus von Nazareth zum Inhalt. Sie haben zum Ziel, das Gespür für das, was Zeichen und Botschaft des Göttlichen sind, zu vertiefen. Dies geschieht dadurch, daß der Übende sich in den Betrachtungen in das Leben Jesu hineinversetzt, in das Leben dessen, der in ganz besonderer Weise zur Vergeistigung der Welt beigetragen hat. Er nimmt an seinem Leben Anteil, an seinen Gedanken, seinen Wertvorstellungen, an seiner Handlungsweise, um dadurch weiterhin gegen die eigene Behäbigkeit anzugehen, seine Ich-Bezogenheit zu überwinden und so zu verhindern, daß diese die Entscheidungen verfälschen.

Entscheiden im ignatianischen Sinn heißt, auf etwas Bisheriges verzichten, Abschied nehmen, etwas loslassen. Etwas muß in uns sterben, damit ein neues Leben entsteht, ein Prozeß der Selbsterneuerung. Entscheiden heißt, diesen Prozeß der Selbsterneuerung einzuüben. Er steht im Zusammenhang mit den Selbsterneuerungsprozessen der Evolution, die in der Verantwortung des menschlichen Geistes liegen, deren Weiterführung unsere Aufgabe ist. Dies bedeutet, an der Vergeistigung der Welt mitzuwirken, Brücken zu bauen, wo Abgründe trennen, zu versöhnen, wo Streit herrscht, und die Menschen als Brüder oder Schwestern betrachten zu können.

Das Kreuz

Ein Leben, das zur Weiterführung der Evolution, zur weiteren Vergeistigung der Welt beitragen soll, ist offenbar nicht vorstellbar ohne die Erfahrung des Leidens, der Angst und der Verzweiflung.

Moses mußte vor den Häschern des Pharaos fliehen. Später hatte er die Angst vor seiner Aufgabe, der er sich nicht gewachsen fühlte, zu ertragen. Auf dem Weg durch die Wüste mußte er gegen die Widerstände der Hebräer kämpfen, die aus Bequemlichkeit nach Ägypten zurückwollten oder in seiner Abwesenheit die gemeinsame Idee fallenließen und dem Götzendienst verfielen. Das Ziel seiner Mühen sah er nur aus der Ferne, der Erfolg als Lohn seiner Strapazen blieb ihm versagt.

Gandhis Leben war geprägt von Fasten, Stockschlägen und langen Jahren der Haft. Er erlebte viel Verachtung, Zurückweisung und Enttäuschung. Schließlich erfuhr sein Leben durch den Attentäter ein gewaltsames Ende.

Jesus kennt die Todesangst am Abend vor seiner Verurteilung. Er erfährt seinen politischen Prozeß als schreiende Ungerechtigkeit, erleidet Folter und schließlich eine grauenvolle Hinrichtung.

Symbol des Leidens als Grunderfahrung derer, die mit ihrem Leben zur Heilung der Welt beitragen wollen, ist in unserem Kulturkreis das Kreuz. Als Gegenstand der folgenden Betrachtung nehmen wir das Kreuz von Josef Beuys.

Das Kreuz besteht aus einem Längs- und einem Querbalken. Von deren Schnittpunkt, dem Zentrum, führt eine Bewegung in vier einander entgegengesetzte Richtungen nach außen. Die entgegengesetzte Bewegung führt von außen nach innen.

Joseph Beuys: Irisches Kreuz
© VG Bild-Kunst, Bonn 1997

Das Kreuz gibt und empfängt, schenkt und nimmt. Als kosmisches Ordnungszeichen unterteilt es Himmel und Erde in die vier Windrichtungen, den Jahreslauf in die vier Quartale, den Tag in Morgen, Mittag, Abend und Nacht, die Elemente in Luft, Erde, Wasser und Feuer. Das Kreuz ist ein Symbol, das unsere ganze Existenz umfaßt.

Der stehende Kreuzbalken symbolisiert Aufgang und Fortschritt. Als Zeichen findet er sich im Berg, im Baum, im Totempfahl, im Obelisken. Er deutet auf das aktive Element in der Welt hin, das vom Dunkel der Erde zum Licht strebt. Der Querbalken vergegenwärtigt den Horizont, die Erdoberfläche, das liegende Element, das empfängt.

Das christliche Kreuz hat durch den Tod Jesu eine neue Bedeutung bekommen. Es markiert einen Wendepunkt: vom Marterpfahl zum Baum des Lebens, vom Tod zum Neubeginn, vom Scheitern zum Erfolg. Das Kreuz als Wendepunkt wird auch durch die Darstellung von Beuys mit ihren goldbraunen Farben deutlich, die an die von ihm bevorzugten Materialien wie Wachs, Fett, Honig oder Filz erinnern. Sie bedeuten etwas Weiches, Warmes und Verbindendes, eine Verbindung, die reibungslos ist. Bienen wandeln ein grobes Material in etwas Feines um, in Nektar und Honig, die Speise der Götter. Das Kreuz als Zeichen des Verbindenden und der Umwandlung, ein Zeichen dafür, daß etwas zugrunde geht und etwas Neues beginnt.

Jesus von Nazareth war zutiefst überzeugt davon, daß Jahwe, der Gott seiner Väter, mit ihm seine Verheißung erfüllen und das Reich Gottes errichten würde, ein Reich des Friedens, der Gerechtigkeit und der Liebe. Er erfährt dann die Ablehnung durch die herrschenden Kreise seines Volkes und das Mißverständnis seiner Botschaft als politisches Reich durch die Massen. Diese Erfahrungen beeinträchtigen seinen Glauben an Jahwes Auftrag an ihn jedoch nicht. Deshalb geht er nach Jerusalem, um dort die Entscheidung herbeizuführen, überzeugt, daß Jahwe sich dort durch ein Zeichen zu ihm bekennen und sein Reich des Geistes, des Friedens, der Gerechtigkeit und der Liebe aufrichten wird. Fassungslos erfährt Jesus dort sein Scheitern und schreit angesichts des absurden Geschehens seine ganze Verzweiflung aus sich heraus: „Mein Gott, mein Gott, warum hast du mich verlassen?" Doch damit ist die Angelegenheit Jesus nicht beendet. Was Auferstehung auch immer bedeuten mag, unbestritten ist, daß der Tod Jesu nicht sein Ende war. Sein Schicksal verdeutlicht, daß jemand, der versucht, sein Leben auf die Karte der Bergpredigt, also auf Frieden, Gerechtigkeit und Liebe zu setzen, letztlich nicht scheitern kann.

So ist das Kreuz Symbol dafür, daß das Leiden zum Leben derer gehört, die ihr Leben nach den Werten der Bergpredigt auszurichten suchen, daß die Erfahrung des Absurden nicht zur Resignation führen darf, sondern Wendepunkt zu einem neuen Leben bedeutet. Es ist Symbol einer letzten Läuterung des eigenen Egoismus. Das Kreuz fordert auch dazu auf, die grundlegende Entscheidung bezüglich der eigenen Lebensweise noch einmal zu überprüfen, sich bewußt zu machen, daß es nicht ohne enttäuschende Erfahrungen geht, daß aber das Absurde nicht am Ende stehen wird.

Meditation

Nach der Lektüre dieses Textes nehmen wir die Meditationshaltung ein, betrachten nach den üblichen Vorübungen die Kreuzesdarstellung von Josef Beuys und versuchen, die Gedanken des Textes nachzuvollziehen. Danach halten wir schriftlich fest, was uns bemerkenswert scheint.

Meditationen zum Leben des Jesus von Nazareth

Ignatius von Loyola sieht mehrere Betrachtungen vor, bei denen der Übende sich mit Szenen aus dem Leben des Jesus von Nazareth beschäftigt, um sich in dessen Geisteshaltung und Handlungsweisen hineinzuversetzen. Ziel dieser Betrachtungen ist es, über die Identifikation mit dieser Gestalt Werte, Denk- und Handlungsmuster als Kriterien für die eigenen Entscheidungen zu verinnerlichen, so wie wir es bereits mit Moses und Gandhi versucht haben, um auf diese Weise zu einer weiteren Vergeistigung der Welt beizutragen.

Die Betrachtungen des Lebens Jesu beziehen sich auf Texte der Bibel, des Neuen Testaments. Uns beschäftigt hier aber nicht ihre autorisierte theologische Auslegung, sondern wir interessieren uns für sie, weil sie von unserem menschlichen Wesen handeln wie auch andere Texte der Weltliteratur.

Das Besondere an ihnen ist nicht nur, daß sie seit zweitausend Jahren täglich gelesen, vorgelesen und weitererzählt werden, sondern daß sie eine Schule des Verlangens sind und uns helfen, unsere menschliche Entwicklung zu fördern (Dolto, 1978, 13 f.). Die Texte zeigen auch die lebensvolle Dynamik, die im psychischen Leben von uns Menschen am Werk ist, die Energie, die aus dem Unbewußten kommt, wo das Verlangen seine Quelle hat und von wo es ausgeht, um nach dem zu suchen, was ihm fehlt.

Was ist Verlangen? Um es nochmals auf andere Weise zu sagen: Vielleicht kennen Sie das Spiel, das aus einem Rechteck besteht, in welchem die Buchstaben des Alphabets auf kleine bewegliche Quadrate geschrieben sind. Das ganze gleicht einem Kreuzworträtsel. Aber da ist eine Leerstelle, ein leeres Quadrat ohne Buchstaben, ein Loch, eine Abwesenheit, das Fehlen eines Buchstabens, das Fehlen eines Quadrates. Dank dieser Leerstelle kann man die anderen Buchstaben bewegen und auf diese Weise Wörter bilden. Dank dieser Leerstelle funktioniert das Spiel. Nur weil etwas fehlt, können wir spielen. Das gleiche gilt für uns. Auch in uns ist eine Leere, etwas, das uns fehlt, ein Mangel, der nach Erfüllung verlangt. Ist er aber erfüllt, dann taucht schon wieder anderswo ein neuer Mangel auf. Wie in dem Spiel mit den Buchstaben, bei dem, kaum haben wir ein kleines Quadrat auf die Leerstelle geschoben, diese an einer anderen Stelle auftaucht.

Manchmal sprechen wir von Bedürfnis, manchmal von Verlangen. Was ist ein Bedürfnis? Das fundamentale Bedürfnis ist zu atmen, das erste, das sich bei unserer Geburt meldet. Wir haben das Bedürfnis nach Brot, um unseren Hunger zu stillen, um die Leere des Magens zu füllen. Aber bald haben wir das Bedürfnis nach mehr, nach einer Mahlzeit mit mehreren Gängen, nach Gästen, nach Unterhaltung, wir verlangen nach Kommunikation mit anderen bei Tisch. Wir gehen vom Konsum über zur Kommunikation, vom Bedürfnis zu essen zum Verlangen zu kommunizieren. Wenn das Bedürfnis sich als unfähig erweist, unser Leben zu erfüllen, dann meldet sich die Depression.

Das Verlangen richtet sich auf eine innerpsychische Begegnung mit einem anderen. Es ist eine Dynamik, ein Schwung, eine Quelle, die uns ins Leben treibt, zur Suche nach anderen, die auch nach uns verlangen. Ohne Ende.

Manchmal kann dieses Verlangen, den Mangel zu beheben, der immer anders und anderswo ist, zu einer Wiederholung werden. Wir wiederholen dann immer die gleichen Gesten, um zu vermeiden, etwas Neues erfinden zu müssen und unser Leben zu vertiefen, ihm eine neue Bedeutung zu geben. Aus Angst vor dem Unbekannten wiederholen wir das Übliche. Anstatt offen zu sprechen, unterhalten wir uns, ohne auf das Wesentliche zu kommen. Anstatt erfinderisch und schöpferisch zu sein, halten wir uns an das, was sich bewährt hat. Anstatt aufmerksam auf andere zu achten, ziehen wir es vor, über sie zu sprechen.

Wieviel Zeit wird so in Unternehmen mit formalen Besprechungen verbraucht, während die eigentlichen Probleme nicht zur Sprache kommen dürfen? Wie oft wird über andere gesprochen, ohne sie einzubeziehen? Wie sehr hat man sich an Abläufe und Zustände gewöhnt, so daß sie oft nur noch mit äußerer Hilfe zu ändern sind?

Viele Tätigkeiten ersparen es uns, den Mangel zu spüren, der zu uns gehört. Statt dessen steigt das Bedürfnis nach Besprechungen, nach Reisen oder Verhandlungen. Der Terminkalender ist überfüllt.

Das heißt nicht, daß Gewohnheiten und Wiederholungen nicht Gelegenheiten der Erneuerung sein könnten. Ob Gewohnheiten Erneuerungen ermöglichen, hängt davon ab, ob sie von Verlangen geprägt sind, denn das Verlangen, egal, ob es sich in ständigen Erneuerungen oder in Gewohnheiten und Traditionen ausdrückt, ist immer neu, tiefer, anderswo.

Das Verlangen ist die Sehnsucht nach dem Unbeschreiblichen, das immer unerreichbar bleibt, das immer irgendwie fehlt. Es läßt im Unvollendeten und im Widersprüchlichen leben. Beide laden uns dazu ein, im Hunger, im Zustand des Mangels zu leben. Nichts und niemand kann unser Verlangen stillen. Es regt uns ständig dazu an weiterzugehen, immer weiter als die Erfüllungen, Erfolge, Zielerreichungen, zu denen wir uns gerufen fühlen.

Die Texte der Bibel, die vom Leben des Jesus von Nazareth handeln, bilden eine Schule des Verlangens, in der Jesus das Verlangen lehrt und es weckt. An der Ausarbeitung dieser Texte sind das Wissen und Können mehrerer Menschen beteiligt, aber darüber hinaus wirken auch die Gesetze des Unbewußten mit, das von Jesus, das der Verfasser und der ersten Hörer. Diese unbewußten Gesetze sind Teil dieser Texte, sprechen zu unserem Unbewußten und können psychische Energien auslösen, die zu ungewöhnlichen Leistungen befähigen.

Der zwölfjährige Jesus im Tempel

Den Text der folgenden Betrachtung entnehmen wir aus dem Evangelium nach Lukas Kapitel 2, Vers 42 – 52.

Das Kind aber wuchs heran und erstarkte voll Weisheit, und Gottes Gnade lag auf ihm. Seine Eltern reisten jedes Jahr zum Osterfeste nach Jerusalem. Als er zwölf Jahre alt war, gingen sie nach Festesgebrauch hinauf. Und als sie die Tage verbracht hatten, blieb bei ihrer Rückkehr der Knabe Jesus in Jerusalem zurück, ohne daß seine

Eltern es wußten. Da sie glaubten, er sei bei der Reisegesellschaft, gingen sie eine Tagereise weit und suchten ihn bei Verwandten und Bekannten. Da sie ihn nicht fanden, kehrten sie nach Jerusalem zurück und suchten ihn. Und es geschah, daß sie ihn nach drei Tagen im Tempel fanden, wie er mitten unter den Lehrern saß, auf sie hörte und sie fragte. Alle aber, die ihn hörten, waren überrascht über sein Verständnis und seine Antworten. Als sie ihn erblickten, erschraken sie sehr. Seine Mutter aber sprach zu ihm: Kind, warum hast du uns das angetan? Siehe, dein Vater und ich haben dich mit Schmerzen gesucht. Er antwortete ihnen: Warum habt ihr mich gesucht? Wußtet ihr nicht, daß ich im Hause meines Vaters sein muß? Sie aber verstanden das Wort nicht, das er zu ihnen sprach. Und er ging mit ihnen hinab und kam nach Nazareth und war ihnen untertan. Seine Mutter aber bewahrte alle diese Worte in ihrem Herzen. Und Jesus nahm zu an Weisheit und Alter und Gnade bei Gott und den Menschen.

Jesus beginnt sein Erwachsenenleben und weist seine Eltern, die bisher so gelebt haben, als gehöre dieses Kind ihnen, auf ihre Besitzansprüche hin. Maria fragt: „Kind, warum hast du uns das angetan?“ Was Jesus lebt und wie er handelt, empfindet sie als gegen sich und Josef gerichtet. Das Leben von Kind und Eltern sind eng ineinander verwickelt.

Jesus weist seine Eltern darauf hin, daß in ihm etwas anders geworden ist und er sich gegen alles Besitzergreifende wehren wird.

Bei den Juden ist man mit zwölf bis dreizehn Jahren erwachsen. Die Synagoge repräsentiert die Gemeinschaft, in der Jesus jetzt seinen Platz einnehmen will. Seiner Mutter antwortet er: „Warum habt ihr mich gesucht? Wußtet ihr nicht, daß ich im Hause meines Vaters sein muß?“ Jesus trennt sich von seiner Mutter. „Ich gehöre dir nicht. Ich muß jetzt meinen eigenen Weg gehen.“ Auch Josef verdeutlichte er dies, doch erkennt er in ihm den Vater an, der ihm die Werkzeuge des Erwachsenenlebens vermittelt. So ist Jesus ein junger Mann, der die enge Beziehung des Kindes zu seiner Mutter auflöst, die eigene

Richtung seines Lebens findet und dazu die Unterstützung seines Vaters gewinnt.

„Wußtet ihr nicht, daß ich im Hause meines Vaters sein muß?" Jesus spürt einen Ruf, von dem er sich angezogen fühlt und auf den er antworten möchte. Dieses Verlangen weckt in ihm die Kraft, sich von seiner Vergangenheit zu trennen und sein Leben ganz auf die Antwort auf diesen Ruf auszurichten. Deshalb läßt er auch die Teilverlangen hinter sich, wie z. B. seinen Eltern nicht weh zu tun. Mit zwölf Jahren, an Ostern, im Tempel in Jerusalem nimmt Jesus Abschied von seinem bisherigen Leben und trennt sich von seinen Eltern. Er antwortet auf einen Ruf, auf den es ihn verlangt, mit seinem ganzen Leben zu antworten (Dolto, 1978, 38).

Meditation

Das Festhalten oder Loslassen dessen, was vergangen ist, nur aus Gewohnheit oder Rücksicht, und der entschlossene und konsequente Einsatz für das, was man für richtig erkannt hat, dies sind die Themen dieses Textes, aus denen sich Fragen für den Übenden ergeben. Es sind Themen, die sich im Verlaufe eines Lebens immer wieder ergeben: Wo blockiert das bequeme Festhalten am Bisherigen die weitere Entwicklung? Wo erschöpft sich die psychische Energie in der Wiederholung des Bekannten, weil das Risiko des Neuen gescheut wird?

Der Übende nimmt nun wieder die Meditationshaltung ein, vollzieht die Vorübungen, versetzt sich in diese Szene hinein, versucht, sie mitzuerleben, achtet auf das, was dabei in ihm vorgeht, und notiert dies anschließend.

Die Fremde

Der Text der folgenden Betrachtung stammt aus dem Evangelium nach Matthäus 15, 21 – 28.

Darauf ging Jesus von dort fort und zog sich in die Gegend von Tyrus und Sidon zurück. Siehe, da kam ein kananäisches Weib aus jenen Gegenden und schrie ihm zu: Erbarme dich meiner, Herr, Sohn Davids. Meine Tochter wird von einem bösen Geist arg geplagt. Er aber antwortete ihr kein Wort. Da traten seine Jünger an ihn heran und baten: Entlaß sie doch, sie schreit ja hinter uns her. Er sagte darauf: Ich bin nur gesandt zu den verlorenen Schafen des Hauses Israel. Da kam sie, fiel vor ihm nieder und sagte: Herr, hilf mir. Er antwortete: Es ist nicht recht, den Kindern das Brot zu nehmen und es den Hündlein hinzuwerfen. Sie sagte: Ja, Herr, aber auch die Hündlein essen von den Brosamen, die vom Tische ihrer Herren fallen. Da antwortete ihr Jesus: Weib, dein Glaube ist groß. Dir geschehe nach deinem Begehr. Und ihre Tochter war von jener Stunde an geheilt.

Diesem Text geht eine Auseinandersetzung zwischen Jesus und den Pharisäern voraus, die ihm vorwerfen, das Gesetz des Moses zu übertreten. Im Anschluß daran verläßt Jesus die Gegend.

Jesus übertritt das Gesetz des Moses dem Buchstaben nach, aber nur um seinen Geist zu verdeutlichen, nicht, um es abzuschaffen. Er verläßt den Buchstaben der jüdischen Gesetze, um ihren universellen Geist für das menschliche Verhalten zu entdecken. Jesus sagt, daß es nicht darauf ankommt, wie sie die Hände vor dem Essen waschen oder was sie essen. Das Entscheidende ist ihr Herz, also ihre Gesinnung, weil dort das Böse sitzen kann. Diese Aussage ist eine Revolution für das Volk. Damit hat Jesus in theologischer Hinsicht eine Grenze überschritten, indem er die formalen Verbote des mosaischen Gesetzes übertritt.

Jetzt, in diesem Text, übertritt er auch eine geographische Grenze: Von dem Gebiet Israel begibt er sich in heidnisches Land. Bisher hatte er seinen Anhängern immer gesagt, sie sollten nicht zu den Heiden gehen und sich nur an Israel wenden. Jetzt aber bewegt er sich selbst außerhalb Israels. Allerdings will er dabei unerkannt bleiben. Jesus erweckt den Eindruck, unentschieden und unsicher zu sein. Er macht nur „halbe Sachen“: Er geht zu den Heiden, aber er wirkt keine Wunder; als die Frau ihn bittet, ihr zu helfen, antwortet er nicht; als seine Jünger ihn bitten, etwas zu unternehmen, sagt er, daß er nur zu Israel gesandt sei. Warum ist er dann hier? Jesus hat noch nicht zur Klarheit seines Selbstverständnisses und seines Auftrags gefunden. Vielleicht fürchtet er auch, seine Jünger in ihrer jüdischen Identität zu verwirren. Jedenfalls beobachten wir in diesem Text, wie in Jesus sein Verlangen erwacht, wie er entdeckt, daß er sich nicht nur an Israel, sondern an alle Menschen wenden könnte, daß seine Möglichkeiten größer sind und er noch mehr bewirken könnte. Aber die Entdeckung dieses Verlangens, so einmalig und ungewöhnlich sie ist, weckt auch Unsicherheit, Angst, wie bei jedem von uns. Es handelt sich um einen Wendepunkt im Leben Jesu. Alle Wendepunkte im Leben sind mit Unsicherheit verbunden, und wir suchen dann nach Bestätigung von außen, um die Energie aufzubringen, das neue Verlangen zu verwirklichen, dessen wir uns noch nicht so sicher sind, und dies um so weniger, als wir dabei gegen feste Gepflogenheiten verstoßen.

Jetzt bittet ihn diese Griechin, also eine richtige Heidin, sich als hebräischer Prophet zu verhalten, der eine Ausländerin im Ausland heilt. Zum ersten Mal entdeckt Jesus, daß eine Heidin zu ihm Vertrauen haben kann, daß die Beziehungen des Glaubens und der Kommunikation die Grenzen überwinden können.

Jesus erscheint verlegen, unentschlossen, allein, wie jeder von uns, der im Begriff ist, etwas Neues zu beginnen, wie immer, wenn wir eine Verantwortung mit ungewissem Ausgang übernehmen. Er schweigt zunächst, dann lehnt er die Bitte um Hilfe ab. Ein Verlangen entwickelt sich. Mit Hilfe von Ereignissen, Begegnungen, Ausdrucksweisen seines Unbewußten in seinem Leben entdeckt er seinen Weg, seine Berufung, sein Verlangen.

So zeigt ihm diese Griechin oder Heidin seinen Auftrag, indem sie nicht zu viel verlangt, was Jesus erleichtert. Wie diese Frau mit Jesus spricht, muß ihn in seiner Entscheidungssituation berühren, muß in ihm etwas klären. Ihre Worte müssen in ihm etwas auslösen, was ihn beschäftigt. Jesus versteht jetzt, daß er sich an alle Menschen wenden kann, daß sein Auftrag universell ist, daß sein Verlangen nach der größeren Dimension eine Bestätigung findet. Durch die Worte dieser Frau fühlt Jesus sich in seinem Verlangen befreit.

Allein, mitten unter seinen Jüngern, allein, außerhalb der Grenzen seines Landes, ist er allein mit seiner unklaren Zukunft, die er allmählich entdeckt. Hier, im Ausland, hilft ihm eine Frau durch ihre Art, mit ihm zu sprechen, sein Verlangen nach der universellen Dimension seines Auftrags anzunehmen.

Meditation

Ziel der folgenden Betrachtung ist es, das Aufbrechen dieser psychischen Kraft des Verlangens nachzuvollziehen, die nach Selbsterneuerung strebt und zu ungewöhnlichen Leistungen befähigt, und zu erkennen, wie hilfreich es ist, jemanden zu finden, der in dieser Situation verständnisvoller Gesprächspartner ist.

Der Reiche und Lazarus

Da war ein reicher Mann, der kleidete sich in Purpur und feines Linnen und lebte alle Tage herrlich und in Freuden. Ein Armer mit Namen Lazarus lag mit Geschwüren bedeckt vor seiner Türe. Der hätte sich gerne mit den Brosamen vom Tische des Reichen gesättigt; sogar die Hunde kamen und leckten seine Wunden. Da geschah es, daß der Arme starb; er wurde von den Engeln in den Schoß Abrahams getragen. Aber auch der Reiche starb und wurde begraben. Als er nun in der Hölle, mitten in seinen Qualen, seine Augen erhob, sah er Abraham von ferne und Lazarus in seinem Schoß. Da rief er: Vaterr Abraham, erbarme dich meiner und sende den Lazarus, daß er seine Fingerspitze ins Wasser tauche und damit meine Zunge benetze, denn ich leide arge Qual in dieser Glut. Abraham antwortete ihm: Kind, erinnere dich, daß du dein Gutes während deines Lebens empfangen hast, Lazarus dagegen das Üble. Jetzt aber empfängt er hier Trost, und du leidest Qual. Zu alledem ist zwischen uns und euch eine große Kluft aufgetan, so daß auch die, welche wollen, nicht von hier zu euch hinübergehen noch von dort zu uns gelangen können. Da sagte er: Dann bitte ich dich, Vater, sende ihn in das Haus meines Vaters; ich habe nämlich fünf Brüder, die soll er warnen, damit nicht auch sie an diesen Ort der Qual kommen. Abraham aber antwortete ihm: Sie haben Moses und die Propheten, die sollen sie hören. Er darauf: Nein, Vater Abraham, aber wenn einer von den Toten zu ihnen kommt, dann werden sie sich bekehren. Da entgegnete er ihm: Wenn sie auf Moses und die Propheten nicht hören, werden sie sich auch nicht überzeugen lassen, wenn einer von den Toten aufersteht. (Lukas 16, 19 – 31)

Ein Mann ist reich, fügt aber niemandem etwas Böses zu. Er freut sich seines Lebens und seines Geldes, geht bis ans Ende seines Bedürfnisses, kennt nichts anderes als Luxus und Wohlleben. Jetzt ist er verurteilt.

Er ist aber nicht verurteilt, weil er reich ist, sondern weil er nicht in Kommunikation mit anderen getreten ist, hier mit Lazarus. Er lebt im geschlossenen Kreislauf seines Egoismus. Menschliches Leben bedeutet aber, in Kommunikation mit anderen zu sein.

Jesus betont, daß jedes menschliche Wesen unser Nächster ist und nicht nur diejenigen, die wie wir leben und die wir als unseresgleichen betrachten. Jesus fordert, daß wir unsere Feinde lieben. Zwischen dem Reichen und dem Armen ist es aber schlimmer als zwischen Feinden, denn zwischen Feinden gibt es Kontakt, nicht aber zwischen Arm und Reich. Der Reiche hat Lazarus nicht gesehen und nicht gehört, ihn einfach nicht zur Kenntnis genommen, obwohl er vor seiner Tür lebte. Die totale Gleichgültigkeit.

Jesus verlangt nicht, daß wir freundlich oder nett zu jedermann sind, sondern daß Beziehungen bestehen in uns, zwischen uns, mit vielen Menschen. Feindesliebe bedeutet, in anderen das anzunehmen, was ich in mir nicht annehmen will und was ich dem anderen zuschreibe, bei ihm besonders wahrnehme und dann ablehnen kann.

Liebe, wie Jesus sie meint, heißt hervorbringen, anregen, aufwecken – das Gegenteil des Lebens im geschlossenen Kreislauf, in dem man die Dinge für sich haben will: Reichtum, Wissen, Macht. Liebe heißt, fähig zu sein, im anderen den zu sehen, der mir ähnlich ist, anerkennen, daß die Fehler meines Feindes und seine Schwächen nicht nur seine, sondern auch meine sind.

Dieser Text wendet sich nicht gegen Reichtum. Er betont nur, daß es eines Zustandes des Mangels bedarf, um in seiner geistigen Entwicklung voranzukommen. Aus diesem Mangel entspringt das Verlangen nach dem Mehr und dem Besseren. Um langfristig Früchte zu tragen, kann dieses Verlangen nicht auf sich selbst gerichtet sein, sondern muß immer mit anderen und für andere gelebt werden.

Der Reiche in der Geschichte lebt nicht mehr wirklich, er bewegt sich nicht mehr, er ist versorgt, ihm fehlt nichts mehr. Für Jesus ist der Reiche ein Sterbender. Er arbeitet nicht mehr selbst, er genießt seinen Reichtum, lebt nach seinen Bedürfnissen, läßt sich gehen und verliert sich. Ohne Regeln und Gesetze nur nach seinen Bedürfnissen zu leben bedeutet, daß zerstörerische Impulse sich in uns durchsetzen. Zerstörerisch ist, wenn wir keine Lust mehr haben, durchhängen, nicht mehr von anderen wissen wollen und auch nichts mehr von uns. Gesetze, Normen und Regeln bilden einen Widerstand, eine Einschränkung in unserem Bestreben nach unmittelbarer Bedürfnisbefriedigung. Sie zwingen uns dazu, das Niveau der Befriedigung anzuheben, auf ein festliches Abendessen zu warten, statt sich aus dem Kühlschrank zu ernähren. Unser Verlangen steigt an, wird intensiver und lebensvoller. Ohne Widerstand und Einschränkung verliert sich unser Verlangen.

Dies widerfährt dem Reichen, er befolgt nicht das Gesetz des Moses. Er hat kein Bedürfnis nach Kommunikation mit Lazarus und gibt ihm nicht einmal das Nötigste zum Essen, obwohl das Gesetz des Moses dies vorschreibt. Jesus will nicht nur, daß wir unsere sozialen Pflichten erfüllen, sondern er will, daß wir uns der Erfahrung des Mangels und des Verlangens aussetzen, daß wir uns entscheiden zwischen der Sicherheit des Erworbenen und der Angst des Ungewissen, zwischen dem Abenteuer des Verlangens und der Ruhe des befriedigten Bedürfnisses, zwischen dem Risiko des Verlangens und der Sicherheit des Habens.

Lazarus war im Zustand des Mangels, es mangelte ihm an Gesundheit und an Ernährung. Ein Zustand des Mangels und des unbewußten Leidens schafft eine Spannung. Wenn wir versuchen, sie dadurch zu heilen, daß wir immer mehr versuchen, unsere Bedürfnisse zu befriedigen, dann entsteht in uns ein Schuldgefühl, ein Unbehagen, eine lähmende Langeweile.

Um diesem Zustand zu entgehen, begeben wir uns in einen Wettlauf im Anschaffen von Dingen, im Auffüllen des Terminkalenders, im Ausdehnen der Arbeitszeit, im Anhäufen von Abwechslung in der Hoffnung, auf diese Weise den Mangel zu füllen und das Unbehagen zu beseitigen. Diese kommen aber aus tieferen Schichten der Persönlichkeit, aus der Angst vor dem Unbekannten, aus dem Bedürfnis, das sich im Bekannten, Vernünftigen und Kontrollierbaren erschöpft.

Das Verlangen zielt auf die Erfüllung in der Erfahrung zwischenmenschlicher Beziehungen. Sobald dieses Verlangen gestillt ist, entsteht es anderswo neu. Halten wir an einer gefundenen Befriedigung fest, dann wiederholt sich ein Leben in seinen Gewohnheiten, seinen Bedürfnissen, seinen Ticks und seinen Sicherheiten. Aber ist dies ein Leben?

Das Drama dieses Reichen besteht darin, daß sich sein Herz einschließt und seine Gefühle austrocknen. Er spricht nicht mehr mit anderen im tieferen Sinn und schließlich auch nicht mehr mit sich selbst, so daß letztendlich sein Lebensweg schon vor seinem Tod zu Ende ist.

Meditation

Bei dieser Betrachtung stellen wir uns wieder die Szene vor, wie sie im Text beschrieben ist, versuchen zu sehen, zu hören, mit den handelnden Personen zu fühlen. Wir versuchen, uns auf den geschlossenen Kreislauf des Lebens des Reichen zu besinnen, dem nichts mehr fehlt, und auf die Botschaft Jesu, daß das Verlangen, das uns immer weiter führt, aus der Erfahrung des Mangels stammt und daß dieses Verlangen nur Früchte trägt, wenn es nicht auf sich selbst, sondern auf andere ausgerichtet ist. Die Energie des Verlangens erlahmt, wenn es nicht durch Ordnung, Normen und Werte gefordert wird, sei es, um sie zu übertreten oder sie mit neuem Sinn zu füllen.

Wir nehmen dann wieder die Meditationshaltung ein, lassen nach den Vorübungen Bilder und Gedanken auf uns wirken und notieren, was wir bemerkt haben.

Die vierte Phase: Sich als dankbar erweisen

Diese letzte Phase ist in der Folge der vorangegangenen drei Phasen zu sehen und dient dazu, das Erkannte zu vertiefen und die neue Weise, die Welt zu sehen, zu ergänzen.

Der bisherige Gedankengang bestand in der Besinnung auf eine übergeordnete Idee, auf Gott als Schöpfer der Welt, auf eine über uns hinausweisende Idee, die also mehr ist, als wir sind. Sie kann als

Auftrag zur Weiterführung der Evolution, nämlich ihre Vergeistigung verstanden werden, indem mehr Kommunikation, mehr Gerechtigkeit und mehr Frieden in die Welt kommen und die Beziehungen zwischen den Menschen immer mehr von der Leitidee des Voneinander- und Miteinander-Lernens geprägt werden. Wir haben dann erkannt, daß wir diesem Auftrag und diesem Selbstverständnis oft nicht gerecht werden und durch unsere Selbstbezogenheit die weitere Vergeistigung der Welt behindern. Das Bewußtsein dieser Egozentrik und die Identifikation mit Vorbildern wie Moses, Gandhi und Jesus dienen dazu, die innere Energie zu gewinnen, um wie sie Ungewöhnliches zu vollbringen und Kriterien für die eigene Entscheidungsfindung zu verinnerlichen. Um in diesem Sinne wirken zu können, benötigen wir innere Entschlossenheit, die Bereitschaft, auch bei leidvollen Erfahrungen den Mut nicht zu verlieren, und die Kraft, die wir aus der Befreiung unseres Verlangens schöpfen. Dabei haben wir uns die ignatianische Methode der Entscheidungsfindung angeeignet. Wir wenden sie sowohl auf die generelle Orientierung des eigenen Lebens als auch auf die konkreten täglichen Entscheidungen an, um diesen eine besondere Qualität zu verleihen. Denn diese besondere Qualität der Entscheidungen betrachten wir als eine Erklärung für den ungewöhnlich langen und erfolgreichen Bestand des Jesuitenordens.

In dieser abschließenden vierten Phase der Geistlichen Übungen geht es auch darum, hervorzuholen, was noch verborgen ist, nämlich aus der Erkenntnis des Guten, das einem im Leben unverdient zuteil geworden ist, eine Dankbarkeit zu entwickeln, aus der heraus das Bedürfnis erwacht, seinerseits so zu handeln, daß andere in ihrem Leben die Erfahrung des Guten machen. Die folgenden Betrachtungen dienen dazu, diese tiefe Dankbarkeit entstehen und bewußt werden zu lassen.

Der barmherzige Samariter

Und siehe, ein Gesetzeslehrer trat auf und fragte, um ihn zu versuchen: Meister, was muß ich tun, damit ich ewiges Leben erlange? Er sagte zu ihm: Was steht im Gesetze geschrieben? Was liest du? Der antwortete: Du sollst den Herrn, deinen Got lieben aus deinem ganzen Herzen, mit deiner ganzen Seele, mit deiner ganzen Kraft und mit all deinen Gedanken, und deinen Nächsten wie dich selbst. Er darauf: Du hast richtig geantwortet: tue das, so wirst du leben. Der wollte sich selbst rechtfertigen und sagte zu Jesus: Wer aber ist mein Nächster? Da nahm Jesus das Wort und sagte: Ein Mann ging von Jerusalem hinab nach Jericho und fiel unter die Räuber; die plünderten ihn aus, verwundeten ihn und ließen ihn halb tot liegen. Da zog von ungefähr ein Priester jenen Weg hinab, er sah ihn und ging vorüber. Auch ein Levit kam an die Stelle, sah ihn und ging gleicherweise vorüber. Ein reisender Samariter aber näherte sich ihm und ward von Mitleid erfüllt. Er trat hinzu, goß Öl und Wein in seine Wunden und verband sie; dann lud er ihn auf sein eigenes Lasttier, brachte ihn in eine Herberge und trug Sorge für ihn. Am andern Morgen zog er zwei Denare hervor, gab sie dem Wirt mit den Worten: Sorge für ihn, und was du darüber hinaus aufwendest, werde ich dir bei meiner Rückkehr bezahlen. Wer von diesen dreien scheint dir Nächster des Mannes gewesen zu sein, der unter die Räuber gefallen war? Er antwortete: Der Erbarmen an ihm geübt hat. Jesus sagte ihm: Gehe hin und tue desgleichen (Lukas 10, 25 – 37).

Jesus antwortet mit dieser Geschichte auf zwei Fragen: „Was muß ich tun, um das ewige Leben zu erlangen?“ und „Wer ist mein Nächster?“

Auf der Straße von Jerusalem nach Jericho wird ein Mann aufgegriffen, ausgeraubt und halb tot liegengelassen. Ein Priester und ein Levit, für die Juden zwei Männer Gottes, sehen den Verletzten und gehen an ihm vorbei. Ein Samariter kommt vorbei, ein Reisender mit einem Tragtier, ein Händler mit seiner Ware. Er ist kein Intellektueller, kein Mann der Kirche, kein Künstler oder Unternehmer, jedenfalls keiner, der sich besonderer Leistungen rühmen könnte. Er sieht den Mann am Straßenrand, verletzt und ausgeraubt. Er erkennt sich in ihm, er könnte an seiner Stelle hier liegen. Vielleicht kommt er bei seiner nächsten Reise in diese Situation. Er pflegt ihn, nimmt ihn mit bis zur nächsten Herberge und läßt ihm etwas Geld zurück, damit er weiterkommt. Nachdem er diesen vom Leben verwundeten Menschen guten Händen übertragen hat, kümmert er sich wieder um seine persönlichen Angelegenheiten und geht weiter.

Wer ist der Nächste? Für den Verletzten ist es der Samariter. Ihm ist er zu Dank verpflichtet, lebenslang, denn ohne ihn wäre er tot. Diesen Mann, der ihn wieder in den Sattel gehoben hat, dürfte er nie mehr vergessen.

Wie er haben wir eine Schuld denen gegenüber, die uns irgendwann in unserem Leben geholfen haben, ohne die unser Leben nicht diesen Verlauf genommen hätte, sich diese Chancen nicht ergeben hätten. Ihnen schulden wir unsere Dankbarkeit. Aber das Vorbild des Samariters läßt den anderen frei. Er verschwindet aus unserem Lebensweg und geht seinen weiter. Diese Schuld, die wir anderen gegenüber haben, können wir nur begleichen, wenn wir ebenso handeln. „Gehe hin und tue desgleichen."

Diese Geschichte beleuchtet zwei Aspekte unseres Lebens:

- die Dankbarkeit jenen gegenüber, die uns in wichtigen Phasen unseres Lebens geholfen haben, und
- eine Art zu Handeln: Wenn du, wie der Samariter, ein wenig Zeit und die materielle Möglichkeit hast, wende dem nicht den Rücken zu, den du in Not siehst.

Wenn du nicht mit anderem beschäftigt bist und wenn du Energie frei hast, gib dem davon, der deinen Weg kreuzt, wenn du es kannst. Aber wende dich nicht von deiner Arbeit ab und verlasse deinen Weg nicht. Laß dich nicht zurückhalten durch den, dem du geholfen hast. Laß dich auch nicht durch die Dankbarkeit an den binden, der dir geholfen hat, aber handle, wie er gehandelt hat. Laß dich nicht aufhalten durch die Erinnerung an den, dem du geholfen hast. Erinnere dich daran, daß auch du dein Überleben einem anderen verdankst; sei ihm aus ganzem Herzen dankbar und handle, wenn sich die Gelegenheit bietet, für einen anderen, so wie er es für dich getan hat.

Dieser Fremde, dieser Samariter, hat als Bruder der Menschen gehandelt, anonym, ohne Herkunft, Rasse, Religion oder Klasse zu beachten. Derjenige, der durch ihn einen neuen Anfang setzen und sich dank seines großzügigen Handelns wieder in das soziale Leben integrieren konnte, der soll in gleicher Weise handeln.

Jesus hat in seiner Geschichte einen Samariter gewählt, weil dieser ein Mensch ohne Titel, ein Fremder, ein Außenseiter ist. Er hat von seinem Ruf nicht viel zu verlieren. Frei von dem, was andere von ihm denken mögen, schaut er nicht auf die Qualitäten des Verwundeten, sondern sieht nur, daß es sich hier um ein menschliches Wesen handelt, ein anonymer Unbekannter.

Der Samariter ist jemand, der nicht von Prinzipien geleitet wird, der nicht weiter denkt als seine Nasenlänge, der dies alles einfach so macht. Aufgrund seiner Losgelöstheit verfügt er über eine ständige Verfügbarkeit. Dabei macht er gerade das Nötige, ist eher kleinlich, aber sein Handeln ist wirkungsvoll.

Der Samariter hat gegeben, ohne etwas dafür zu bekommen, und der Verletzte könnte mit anderen ebenso verfahren.

„Gehe hin und tue desgleichen", sagt Jesus, was heißen soll: Vergiß nicht, daß der dein Nächster ist, der dir dieses Mehr von seiner Energie geschenkt hat, ohne dadurch etwas zu verlieren. Im Vorübergehen hat er es dir ermöglicht, wieder aufrecht deinen Weg fortzusetzen. Zu geben ohne zu verlieren, das ist die Gabe derer, die über viel Energie verfügen.

Diese Geschichte will uns zeigen, daß, wenn wir im Kampf des Lebens einmal unterliegen, wenn wir etwas durchleiden müssen, wenn wir, verschuldet oder unverschuldet, das Gesicht verloren haben, wenn sich dann in uns zerstörerische Kräfte melden, wenn uns dann jemand als seinesgleichen erkennnt und uns durch seine Anwesenheit und seine Effizienz unser Ansehen und unsere Würde zurückgibt, daß dieser Mensch, wer auch immer er ist, unser Nächster ist. Ihm gilt unsere Dankbarkeit.

„Gehe hin und tue desgleichen." In Erinnerung an ihn und aus Dankbarkeit sollen wir anderen gegenüber handeln, wie er uns gegenüber gehandelt hat. Diese anderen aber sind uns gegenüber in keiner Weise verpflichtet, denn sie haben uns Gelegenheit gegeben, unsere Dankbarkeit auszudrücken. Sie wiederum, die frei über ihr Leben verfügen, werden ihrerseits handeln, wie wir ihnen gegenüber gehandelt haben.

Meditation

Nach der Lektüre dieses Textes nehmen wir die Meditationshaltung ein, machen die Vorübungen und versuchen, die Gedanken dieses Textes nachzuvollziehen: Wir machen uns bewußt, daß wir in unserem Leben immer anderen etwas verdanken, ihnen gegenüber in Schuld stehen, aus der eine tiefe Dankbarkeit entspringt. Diese Dankbarkeit ist aber frei, nicht an eine Person gebunden und bewegt deshalb dazu, anderen gegenüber ähnlich zu handeln. Wir können uns dann fragen, welches solche Situationen in unserem Leben waren, in welcher Schuld wir stehen, ob wir solche Dankbarkeit empfinden und was daraus folgt, wo wir dergleichen unsererseits tun können.

Betrachtung zur Erlangung der Liebe

Zur Vorbereitung auf diese Betrachtung weist Ignatius auf zwei Punkte hin:

- Liebe hängt mehr von Taten als von Reden ab. Sie beweist sich nicht durch Worte, sondern erweist sich in Taten.

- Liebe besteht im gegenseitigen Austausch von Gütern. Sie beruht auf Gegenseitigkeit. Sonst ist sie in Gefahr, zu einem Betreuungsverhältnis zu degenerieren, in welchem nur der eine gibt, der andere nur empfängt und schließlich nur Bedürfnisse befriedigt werden.

Ziel dieser Betrachtung ist es, sich die Wohltaten bewußt zu machen, die man im Verlauf seines Lebens empfangen hat, Dankbarkeit dafür zu empfinden und sich aus ihr heraus zu fragen, was man selbst im Sinne der Gegenseitigkeit tun könne.

Im Text des Ignatius wendet sich der Übende an Gott als den Urheber und als Quelle alles Guten. Hier ist es auch möglich, sich auf ein Geschehen und auf Menschen zu besinnen, die durch ihr Wirken und ihre Mühen dazu beigetragen haben, daß uns heute solche Wohltaten zur Verfügung stehen. Die Betrachtung läßt sich in vier Schritte unterteilen.

1. Der Übende soll sich die Wohltaten der Schöpfung und der Erlösung bewußt machen und auch die persönlichen Fähigkeiten aufzählen, die er mitbekommen hat. Hier kann sich der Übende vorstellen, wie sich im unendlichen Universum, in einer der zahllosen Galaxien, umgeben von Planeten ohne Leben, ein kleiner blauer Planet bewegt, auf dem durch das Zusammenspiel vieler Entwicklungen und Prozesse menschliches Leben möglich ist. In dieser ungeheuren räumlichen und zeitlichen Dimension findet auch sein Leben statt. Die Entwicklung des Lebens hat auf der Erde zur Ausbildung des menschlichen Großhirns geführt, durch das bewußtes Leben entstanden ist. Die Entwicklung, die zu meiner Existenz geführt hat, hat auch mich mit Fähigkeiten ausgestattet, über die ich froh bin und die auch andere an mir anerkennen: Gesundheit, Aussehen, Stimme, Geschick, Verstand, soziale Begabung, und Familie. Diese Wohltaten werden mir zuteil, ohne daß ich etwas dafür getan habe. Darüber empfinde ich eine tiefe Dankbarkeit, die mich dazu bewegt, mich meinerseits dafür erkenntlich zu zeigen.

2. Der Übende soll erkennen, wie Gott den Pflanzen und Tieren das Leben gibt und dem Menschen, den er nach seinem Bild und Gleichnis geschaffen hat, auch die Intelligenz. Er soll darüber staunen können, daß es Pflanzen und Tiere in ihrer Vielfalt gibt; daß die Erde bewohnbar und so schön ist; daß wir Intelligenz besitzen und Kultur hervorbringen können; daß es Sprache gibt und Kunst; daß wir über Technik verfügen und Wissenschaft, die uns heute weltweit verbindet und eine neue Qualität menschlicher Beziehung heraufziehen läßt. Dies alles ist so, ohne mein Zutun. Es ist wie ein Geschenk. Dafür bin ich dankbar und frage mich, was ich meinerseits dafür einbringen könnte.

3. Hier soll der Übende darüber nachdenken, wer und was sich alles bewegen muß, damit er so wie jetzt leben kann: in der Natur, in der Familie, in der Gesellschaft; wer sich mit wem abstimmen muß, damit die Leistung gelingt, die sein Wohlergehen begründet und wer dazu seine Aufgabe pünktlich und gewissenhaft erfüllen muß: das Personal im Kraftwerk, der Bäcker, die Verkäuferin, der Reinigungsdienst, der Pförtner usw. Was ich als selbstverständlich hinnehme, dafür haben sich andere abgemüht. Daraus entsteht eine tiefe Dankbarkeit, die zu der Frage bewegt: Was kann ich meinerseits dazu beitragen, daß möglichst viele Menschen diese Dankbarkeit empfinden können?

4. Jetzt soll sich der Übende vorstellen, von wie vielen guten Dingen er umgeben ist, wie Gerechtigkeit und Demokratie, Wohlwollen und Zuneigung, Wissenschaft und moderne Technik. Er soll sich bewußt machen, was es bedeutet, in unserer Region zu leben, wo Tag und Nacht, Sommer und Winter abwechseln, in einem alten Kulturland mit den Zeugnissen vergangener Zeiten; was es bedeutet in dieser Region zu leben mit über 40 Jahren Frieden, wo Menschen und Nationen sich freiwillig zu größeren Gemeinschaften zusammenschließen. Er soll sich dann vorstellen, wie all dieses Gute auf ihn zukommt und ihn umgibt, so wie das Licht aus der Sonne oder das Wasser aus der Quelle.

Wir sehen oft nur, was nicht gelungen ist, sprechen vor allem über das, was Probleme bereitet, und beschäftigen uns mit dem, was sich möglicherweise als Fehlentwicklung herausstellen könnte. Der Inhalt unserer Kommunikation ist daher oft das Negative und die Kritik. Diese Betrachtung verlangt von uns, daß wir uns auf das Gute besinnen, das uns umgibt, das einfach für uns da ist, unverdient und doch nicht selbstverständlich, um aus dieser Besinnung eine tiefe Dankbarkeit zu empfinden, die uns großzügig überlegen läßt, was wir unsererseits dafür tun können, damit das Gute sich in der Welt weiterverbreitet.

Contemplativus in actione

„Der im gewöhnlichen Leben meditierende Mensch“ ist das Ziel der Geistlichen Übungen. Ignatius hat es durchgesetzt, daß die Mitglieder des Jesuitenordens keine Chorgesänge verrichten müssen, zu keiner besonderen Ordenskleidung verpflichtet sind und daß sie nicht in Klöstern leben, sondern in gewöhnlichen Häusern und Wohnungen. Sie sollen leben, wie Menschen üblicherweise leben, aber auf ungewöhnliche Weise: „in der Welt sein, doch nicht von der Welt sein“. Dieses Ordensleben, das sich nach außen hin kaum unterscheidet und das alltägliche Leben der Menschen teilt, gründet sich auf der Verinnerlichung der Geistlichen Übungen. Diese vollzieht sich auf Empfehlung von Ignatius dadurch, daß Meditationen, Betrachtungen oder Gedanken, die einen sehr bewegen oder auch bei denen sich innerlich auffallend wenig ergibt, von dem Übenden immer wieder aufgegriffen und wiederholt werden. Beide Phänomene, die tiefe Ergriffenheit und die Ideenlosigkeit bei einem Meditationsthema, sieht Ignatius als Hinweise auf etwas, das es zu vertiefen oder aufzuklären gilt. Die Wiederholung der Meditationen und Betrachtungen in einem gewissen zeitlichen Abstand dient dazu, Erfahrungen und Erkenntnisse tiefer zu verinnerlichen und sie zu festigen, damit sie in das eigene Verhalten einfließen. Außerdem ist es hilfreich, von Zeit zu Zeit die eigenen Notizen durchzulesen und darauf zu achten, ob Themen, Gedanken und Empfindungen immer wieder auftauchen. Auch sie gilt es zu wiederholen und zum Inhalt von Betrachtungen zu machen.

Die Idealvorstellung des im gewöhnlichen Leben meditierenden Menschen, der in der Welt lebt und doch nicht von ihr beherrscht und gesteuert wird, der wie Gandhi sagen kann, „Sie werden meinen Körper haben, aber nicht meinen Gehorsam“, beruht darauf, daß es dem Menschen gelingt, „Gott zu suchen und zu finden, in allen Dingen,“ also sein Leben auf Ideen zu gründen, die weiterreichen, seine psychische Energie aus Quellen zu beziehen, die tiefer schöpfen.

Eine Praxis, die auch dazu dient, dieses Idealbild anzustreben, ist die tägliche kritische Selbstreflexion.

Ein Jesuitenpater, der gewissenhaft und vorschriftsmäßig täglich die vorgesehenen Gebetszeiten einhält, benötigt dazu etwa drei bis vier Stunden. Da er aber einen gewöhnlichen Beruf ausübt, müßte er von seiner Berufsarbeitszeit drei Stunden wegnehmen und für Gebetszeiten vorsehen. Er wäre dann nicht mehr leistungsfähig. Würde er noch drei Stunden an seine Arbeitszeit anfügen, dann wäre er bis zur Erschöpfung gefordert. Ein Unternehmer bräuchte sich nur vorzustellen, er verfüge über eine Arbeitszeit, die um drei Stunden verkürzt wäre, oder er müßte an seine übliche Arbeitszeit täglich noch drei Stunden für geistige Tätigkeiten anfügen. Da dies bei intensivem beruflichen Engagement unmöglich ist, kann ein Jesuitenpater sich von allen geistlichen Verpflichtungen befreien, wenn dies seine Aufgabe erfordert – außer von der täglich zweimaligen Gewissenserforschung. Ignatius verpflichtet jedes Mitglied des Ordens zu dieser Praxis der täglichen kritischen Selbstreflexion, zur täglichen Besinnung auf die grundlegende Idee des Ordens als wesentlichen Vorgang der Selbsterneuerung.

Um die Mittagszeit und am Ende des Tages sucht man sich einige Minuten der Stille, besinnt sich auf seine grundlegende Idee, warum man hier ist, für welche Aufgabe man sich entschieden hat, um was es einem letztlich geht. Dann fragt man sich nach den Ereignissen des Tages. Man geht also von sich weg und wendet sich den Geschehnissen des Tages zu, mit welchen man zu tun hatte. Diese Tagesereignisse und der Umgang mit ihnen werden nun unter dem Aspekt der übergeordneten Idee und der getroffenen grundlegenden Entscheidung kritisch reflektiert. „Wie habe ich bisher, heute, angesichts dieser Ereignisse und meines Anliegens gelebt und gehandelt?" Auf diesen Moment der kritischen Selbstreflexion folgt die Frage nach den Konsequenzen: „Wenn es sich so verhält, wenn ich dieses Fehlverhalten, diese Schwäche oder diese Unart erkannt habe, was muß ich dann verbessern, welche Arbeit kann ich dann an mir selbst leisten?" (Geiselhart, 1995, 151 f.)

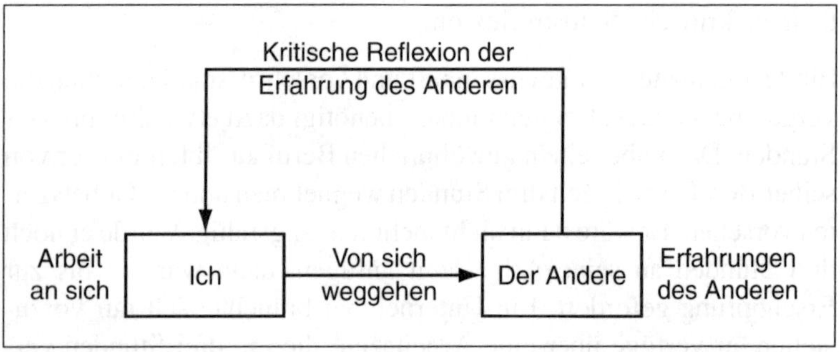

Von einer übergeordneten Idee beseelt sein, sich orientieren an Gestalten, die ihr Leben auf Gerechtigkeit, Frieden und Liebe setzten, den Weg der Geistlichen Übungen gehen und sich dieser ständigen Arbeit an sich selbst unterziehen, dies führt zu dem Menschenbild des Ignatius: sich für seine Aufgabe völlig zu engagieren und dennoch nicht in ihr aufzugehen; einer von vielen zu sein, bescheiden und unauffällig, und dennoch über ungewöhnliche Energie zu verfügen; nie zufrieden zu sein mit dem Erreichten, immer nach dem „Mehr" und „Besser" zu streben und dennoch Dankbarkeit und Freude auszustrahlen.

Menschen, die sich in ihrem Leben einigermaßen diesem Ziel des contemplativus in actione annähern, sieht Ignatius für hohe und höchste Führungsaufgaben vor. Es muß sich um die Führungskräfte handeln, die das Unternehmen ,,Jesuitenorden“ über fünfhundert Jahre erfolgreich durch die wechselhaften Zeiten geführt haben.

5. Jesuitenorden und Unternehmen – Schlußfolgerungen

Was folgt aus diesen Überlegungen für Unternehmen an der Schwelle zum 21. Jahrhundert, das sich als Jahrhundert der Weltgesellschaft als Wissensgesellschaft ankündigt?

Die Verantwortung für eine bessere Welt übernehmen

Die Geistlichen Übungen sind nicht Selbstzweck. Zwar können sie zu intensiven inneren Erfahrungen führen und die persönliche psychische Struktur neu gestalten, was vielfach mit starken Glücksempfindungen verbunden ist. Gleichzeitig befähigen sie den Übenden zu außerordentlichen Leistungen, die er mit erstaunlicher Leichtigkeit erbringt. Beeindruckend sind vor allem das intellektuelle Niveau und die Fähigkeit, in komplexen Zusammenhängen zu denken, wie man es vorher kaum kannte. Das Ende der Geistlichen Übungen wird deshalb oft als Niveauverlust und bedauerliche Rückkehr ins Gewöhnliche empfunden. Wieder mit anderen Menschen zu kommunizieren gleicht einer Last, denn damit findet das ungestörte Erleben intensiver innerer Prozesse ein vorläufiges Ende.

Doch Ignatius ist hier unerbittlich: Die Geistlichen Übungen sollen nicht der privaten Selbstentfaltung dienen, sondern sie rechtfertigen sich dadurch, daß sie dazu befähigen, sich besser und erfolgreicher für eine geistvollere Welt einzusetzen. Wer versucht, diese Geistlichen Übungen nachzuvollziehen, soll dies nicht tun, um der eigenen

Persönlichkeitsentfaltung zu huldigen, sondern damit die Menschen, mit denen er zu tun hat, es besser haben.

Um dieses Anliegen der Geistlichen Übungen zu verdeutlichen und sie an ihren Auswirkungen auf die alltägliche Praxis zu messen, fügen wir hier noch eine letzte Betrachtung an.

Als Text dient eine Stelle aus dem Buch der Könige über den Propheten Elias. Zur damaligen Zeit war Israel in zwei Königreiche zerfallen. Im Nordreich herrschte König Achab mit seiner Frau Isebel. Beide waren dem Baalskult zugetan und beabsichtigten, ihn an Stelle des Glaubens an Jahwe in Israel einzuführen. Insbesondere die Königin Isebel, die phönizianischer Abstammung war, förderte den Baalskult. Ihr größter Widersacher war deswegen der Prophet Elias. Sie wollte ihn beseitigen und sandte ihm einen Boten, der ihm ausrichten soll, daß er am nächsten Tag tot sein würde.

Da geriet er in Angst, machte sich auf und ging davon, um sein Leben zu retten. Als er nach Beerscheba, das zu Juda gehört, kam, ließ er seinen Diener dort zurück. Er selbst aber ging einen Tagesmarsch weit in die Wüste hinein. Als er so weit gekommen war, ließ er sich unter einem Ginsterstrauch nieder und wünschte sich den Tod, indem er sprach: „Nun ist es genug, Jahwe! Nimm meine Seele hin; ich bin ja nicht besser als meine Väter!" Dann legte er sich hin und schlief ein. Da, auf einmal, rührte ihn ein Engel an und sprach zu ihm: „Steh auf, iß!" Als er hinblickte, siehe, da war zu seinen Häupten ein gerösteter Fladen und ein Krug Wasser. Und er aß und trank und legte sich wieder schlafen. Aber der Engel Jahwes kam zum zweitenmal, rührte ihn an und sprach: „Steh auf, iß! Denn sonst ist der Weg zu weit für dich!" Da stand er auf, aß und trank und wanderte in der Kraft jener Speise vierzig Tage und vierzig Nächte bis zum Gottesberge, dem Horeb.

Er trat dort in die Höhle und übernachtete darin. Und siehe, es erging das Wort Jahwes an ihn, und er sprach zu ihm: „Was tust du hier, Elija?" Er erwiderte: „Von Eifer bin ich entbrannt für Jahwe, den Gott Zebaot; denn die Israeliten haben dich verlassen, deine

Altäre haben sie niedergerissen, deine Propheten haben sie mit dem Schwerte umgebracht. Ich allein bin übriggeblieben, und nun stellen sie auch meinem Leben nach." Da sprach er: „Geh hinaus und tritt auf den Berg vor Jahwe hin!" Und siehe, Jahwe zog vorüber. Ein gewaltiger, heftiger Sturm, der Berge zersprengt und Felsen spaltet, ging vor Jahwe her; aber Jahwe war nicht in dem Sturm. Nach dem Sturm kam ein Erdbeben; aber Jahwe war nicht in dem Erdbeben. Nach dem Erdbeben kam Feuer; aber Jahwe war nicht im Feuer. Nach dem Feuer kam das Flüstern eines leisen Wehens. Da, als Elija das vernahm, verhüllte er sein Antlitz mit seinem Mantel, ging hinaus und trat an den Eingang der Höhle. Nun drang eine Stimme zu ihm, die sagte: „Was tust du hier, Elija?" Er antwortete: „Von Eifer bin ich entbrannt für Jahwe, den Gott Zebaot; denn die Israeliten haben dich verlassen, deine Altäre haben sie niedergerissen, deine Propheten haben sie mit dem Schwerte umgebracht. Ich allein bin übriggeblieben, und nun stellen sie auch meinem Leben nach."

Jahwe aber sprach zu ihm: „Geh, kehre deines Weges zurück aus der Steppe nach Damaskus, tritt ein und salbe Hasael zum König über Aram, und Jehu, den Sohn des Nimsi, salbe zum König über Israel! Den Elischa aber, den Sohn Schaphats, aus Abel-Mechola, salbe zum Proheten an deiner Statt

Elias macht sich auf den Weg, er verläßt einen Ort und beginnt eine Reise. Es ist eines der ältesten Bilder für die verschiedenen Phasen innerer Entwicklung, wie Menschen sie durchlaufen. Das deutsche Wort „er-fahren" enthält einen Hinweis auf etwas, was man nicht durch intellektuelles Bemühen allein erwerben kann, sondern was nur zugänglich wird, wenn man etwas verlassen hat und von irgendwo weggegangen ist.

Elias flieht vor der Bedrohung durch die Königin Isebel, um sein Leben zu retten. Aber schon nach wenigen Versen endet die Realgeschichte und die Reise von außen nach innen beginnt.

„Er legte sich unter einem Ginsterstrauch nieder und wünschte sich den Tod. Elias erfährt nicht nur die Einsamkeit der äußeren Wüste, sondern auch die Leere und Sinnlosigkeit seiner inneren Wüste. Für ihn ist sein Lebenswerk gescheitert, er hat versagt und fürchtet jetzt den völligen Niedergang. Immer wieder bricht seine maßlose Enttäuschung aus ihm hervor: „Von Eifer bin ich entbrannt für Jahwe, den Gott Zebaot; denn die Israeliten haben dich verlassen, deine Altäre haben sie niedergerissen, deine Proheten haben sie mit dem Schwerte umgebracht. Ich allein bin übriggeblieben, und nun stellen sie auch meinem Leben nach."

In dieser Situation äußerster Gefahr legt sich Elias zum Schlafen nieder – der Schlaf als Bild des Rückzugs, der tiefen Besinnung.

Aber als sei sein Weg in die Wüste und nach innen noch nicht tief genug, jetzt holt ihn der Engel zu einer Wanderung während 40 Tagen und 40 Nächten.

Die Zahl 40 ist eine symbolische Zahl. Sie bezeichnet hier eine andere Zeit, in der eine Reise von wenigen Stunden mehr bedeuten kann als Jahre des irdischen Lebens. So wird auch vom Propheten Mohammed erzählt, zu Beginn seiner großen Erleuchtung habe er noch gesehen, wie der Wasserkrug in seinem Zelt umstürzte. Es folgte dann unter Führung des Engels seine Reise durch die sieben Himmel, die ihm eine Ewigkeit zu dauern schien. Als er aber wieder zu sich kam, sah er, daß das Wasser noch nicht ganz ausgelaufen war.

Die Wanderung führt Elias zum Berg Horeb. Dort übernachtet er in einer Höhle. Als sei die Reise nach innen immer noch nicht weit genug, als sei er noch immer nicht dort angelangt, wo eine Änderung möglich wird.

Schließlich kommt es zu einer Gottesbegegnung. Doch setzt Elias noch immer auf die falschen Erscheinungen und sieht seine Erwartungen immer wieder enttäuscht: ein gewaltiger Sturm, ein Erdbeben, Feuer. Als würde Elias seine Hoffnungen noch immer auf die falschen Kräfte setzen, auf äußere Mächte, die an der Oberfläche wirken.

„Nach dem Feuer das Flüstern eines leisen Wehens“ – als wäre auch unsere Sprache an die Grenze ihrer Ausdrucksmöglichkeiten gelangt. Jedenfalls erfährt Elias eine so tiefgreifende Umkehr, die in ihm eine solche Kraft auslöst, daß er jetzt die Aufgaben anpacken kann, die ihm vorher unlösbar erschienen und vor denen er geflohen ist. Jetzt tritt er vor die Höhle, ein Symbol des Wiedergeborenwerdens, dafür, daß Elias ein anderer geworden ist mit neuen Erkenntnissen, neuen Ideen und ungeahnten Kräften. Jetzt kann er sich aufrichten, hinausgehen, sein Gesicht verhüllen und mit Gott sprechen. Am Ziel seiner Reise hat er die entscheidende Begegnung, macht er die entscheidende Erfahrung.

Es beginnt die Rückreise in die Welt, an die Stätten, vor denen er geflohen ist. Dort trifft Elias mehrere Personalentscheidungen, schafft neue organisatorische Strukturen und nimmt die Auseinandersetzung um den Baalskult wieder auf. Elias bleibt nicht auf dem Berg Horeb, sondern erneuert seinen Auftrag, dort verändernd zu wirken, geistvollere Beziehungen zu schaffen, neue Perspektiven aufzuzeigen, wo er Verantwortung trägt.

Meditation

Die Meditation beginnt mit der Meditationshaltung und den Vorübungen. Es folgt die bildhafte Vorstellung des Ortes, der Personen und der Handlung. Der Übende versucht, sich in das Geschehen hineinzuversetzen, indem er sieht, hört, riecht und schmeckt, als sei er selbst handelnde Person. Er läßt in sich Gedanken, Bilder und Empfindungen entstehen. Schließlich versucht er, alles auf sein Leben anzuwenden: die eigene Erfahrung der Aussichtslosigkeit und des Absurden, die eigenen Irrwege, das Setzen auf die falschen Lösungen, schließlich die eigene Umkehrerfahrung und dann die Frage nach dem, was anders wird bei der eigenen Rückkehr, denn darauf kommt es an.

Das lernende Unternehmen einführen

Dem Jesuitenorden ist es trotz Mißerfolgen, Rückschlägen und existenzbedrohenden Phasen über 500 Jahre hinweg gelungen, seinen Bestand zu sichern, und zwar dadurch, daß er sich seinem sich ständig verändernden Umfeld immer wieder neu anpaßte. Dies gelingt ihm deshalb, weil er sich als Lernunternehmen zu konstituieren vermochte, so daß eine erste Folgerung wäre, die Idee des Lernunternehmens aufzugreifen, sie geistig zu durchdringen, an das eigene Unternehmen anzupasssen und zu verwirklichen. Der zentrale Gedanke dabei ist, Selbsterneuerungsprozesse durch die Praxis der Metareflexion zu institutionalisieren.

Außerdem gilt es, eine Organisation zu schaffen, die geeignet ist, Lernprozesse zu fördern, wie wir an anderer Stelle beschrieben haben (Geiselhart, 1995, 27 f.). Gleichzeitig ist eine geistige Welt im Unternehmen notwendig, die sich Lernen als Leitidee gibt, eine Praxis der ständigen Verbesserung und Menschen in Führungspositionen, die an sich selbst die Forderung des lebenslangen Lernens richten.

Konsens bilden

Obwohl der Jesuitenorden in weiten Teilen hierarchisch organisiert ist, liefert er doch von Anfang an ein Beispiel für konsensorientierte Führung. So verzichtete Ignatius lieber darauf, die Ordensverfassung zu seinen Lebzeiten einzuführen, als daß er sie ohne die Zustimmung des Ordensparlaments eingeführt hätte.

Konsens heißt, daß die psychische Energie der Mitglieder in Richtung des gemeinsamen Ziels fließt, um es mit vereinten Kräften zu verwirklichen.

Gegenwärtig könnte man den Eindruck gewinnen, daß die Überzeugung, ein Unternehmen durch Konsens erfolgreich führen zu können, ins Wanken gerät. Mit Beratungsgesellschaften werden neue Konzepte ausgehandelt. Sie nehmen Umorganisationen, Kostensenkungsprogramme und Potentionalabschätzungen der Führungskräfte vor. Oft werden die Mitarbeiter bestenfalls bei der konkreten Umsetzung einbezogen. Was an Energie, d. h. an Zeit und Geld, bei dieser Vorgehensweise verlorengeht, ist unbeschreiblich. Werden wieder vorgefertigte Konzepte von oben bevorzugt – trotz des dramatischen selbstverschuldeten Scheiterns einiger mit „Charisma“ belegter Führungsgestalten?

Es ist eindrucksvoll zu beobachten, welch hohe Bedeutung in der Geschichte des Jesuitenordens die Konsensbildung bei wichtigen Themen hat, welcher Aufwand getrieben wird im Bemühen, Entscheidungen auf der Basis des Konsenses herbeizuführen.

Flexibilität fördern

Trotz klarer Verfassung, hierarchischer Ordnung und strenger Regeln betont Ignatius immer wieder die Freiheit, anders zu entscheiden, wenn die Vernunft es gebietet oder die Situation es erfordert. Er verweigert wirtschaftliche Vereinbarungen, die den Orden in Abhängigkeiten und Zwänge führen könnten. Die materielle Sicherheit gilt ihm weniger als die Freiheit und die Anpassungsfähigkeit des Ordens an neue Situationen. Dies verdeutlicht, wie entscheidend eine flexible Organisation, der Mut der Führung zu situationsgerechten Entscheidungen und die Bereitschaft zum Umdenken aller angesichts des sich rasch verändernden Umfeldes sind.

Diese Flexibilität wird, wie wir gesehen haben, im Orden auch dadurch gefördert, daß eine Führungsaufgabe nur jeweils sechs Jahre vom selben Amtsinhaber ausgeübt werden darf; dann kommt wieder ein anderer mit neuen Ideen und frischer Energie.

Interkulturell denken

Von Anfang an gibt Ignatius dem Orden eine internationale Dimension, indem er von jedem Mitglied verlangt, bereit zu sein, „an jeden Ort der Welt zu gehen", wenn es dort gebraucht wird. Die geistige Grundeinstellung erleichtert diese Bereitschaft, weil sie die Menschen der unterschiedlichen Kulturen als Brüder und Schwestern zu betrachten lehrt. So kam es, daß die Jesuiten die ganze Welt als ihre Wohnung bezeichneten und bezeichnen.

Heutzutage ist es manchmal schwierig, in Unternehmen Mitarbeiter zu finden, die gerne längere Zeit Aufgaben in einem Land mit fremder Kultur übernehmen, sich dort Sprache und Lebensgewohnheiten der Bewohner aneignen und einer der ihrigen werden, so wie die Jesuiten damals in China und in Südamerika. Außerdem stehen wirtschaftliche Interessen oft so im Vordergrund, daß die Begegnung mit der fremden Kultur und ihren Menschen nicht gelingen kann. Dies gilt erst recht, wenn eine eurozentristische Horizontverengung beim Umgang mit Menschen fremder Kulturen den Blick verstellt.

Entscheidungsprozesse gestalten

Wir haben auf die besondere Vorgehensweise bei wichtigen Entscheidungen hingewiesen. Sie sollen möglichst frei sein von egozentrischen Bestrebungen und ungeläuterten irrationalen Einflüssen. In ihnen sollen Gefühl und Verstand zum Zuge kommen, indem das rationale Abwägen ergänzt wird durch das Achten auf emotionale Regungen. Das Ergebnis des Entscheidungsprozesses darf nicht durch vorausgehende Einflüsse festgelegt sein. So verlangt Ignatius von einem Bewerber um die Aufnahme in den Orden, seine Absicht auch dem geschilderten Entscheidungsprozeß zu unterziehen. Sollte das Ergebnis sein, daß sich dieser Wunsch nicht als gute Entscheidung für ihn herausstellt, dann kann er nicht Ordensmitglied werden.

Immer wieder werden Entscheidungen auch von sachfremden Überlegungen beeinflußt, die nicht kritisch diskutiert werden können, weil Macht, Geltungsbedürfnis und Rivalität im Spiel sind. Wie oft können wichtige Entscheidungen nicht getroffen werden, weil ihnen persönliche Interessen entgegenstehen? Nicht selten sind externe Berater notwendig, die auf „objektive“ Weise darstellen, was viele wissen, um so doch noch zu den dringenden Entscheidungen zu kommen.

Führungskräfte auswählen

Sehr große Sorgfalt wird im Jesuitenorden auf die Auswahl von Bewerbern, die in den Orden eintreten möchten, gelegt. Sie durchlaufen eine erste Phase, die dazu dient, den Neuen in die Idee und den Geist des Ordens einzuführen. Die lange Probezeit soll seine geistige, moralische, intellektuelle und gesundheitliche Eignung überprüfen. Danach folgen die Jahre des Studiums und der fachlichen Ausbildung, in denen es vor allem um die intellektuelle Qualifikation geht. Dies führt schließlich zur Bildung einer Elite, die den eigentlichen Kern des Ordens ausmacht.

Wäre es, angesichts der großen Verantwortung der Führungskräfte auf hohen und höchsten Ebenen und der weitreichenden Folgen, die ihre Fehler und Schwächen für die ganze Gesellschaft haben können, nicht hilfreich, Auswahlprozesse von ähnlicher Sorgfalt und Strenge einzurichten? Dies könnte bedeuten, eine erste Zeit des unverbindlichen Kennenlernens von einigen Wochen einzurichten. Daran würde sich eine längere Zeit des Hineindenkens und Lernens in umfassender Hinsicht anschließen: Produkt, Technik und Organisation, Unternehmensgeschichte und Unternehmensphilosophie. Dann folgt eine Phase der Aneignung und Erprobung der fachlichen Kompetenz. Um sich für höhere Führungsaufgaben zu qualifizieren, genügt es nicht, auf nur einem Gebiet kompetent zu sein. Wer viele unterschiedliche Fachleute führen und zusammenführen will, der muß auch für viele kompetenter Gesprächspartner sein können. Nach Aneignung der fachlichen Kompetenz ist eine Phase denkbar, in der durch die Übernahme von Aufgaben mit wachsender Verantwortung zunehmend Führungserfahrung erworben wird. Die fachliche Kompetenz ist zwar sehr wichtig, noch entscheidender ist jedoch die soziale Kompetenz, da es darum geht, Menschen von ganz unterschiedlicher Herkunft, Ausbildung und Qualifikation zu einer gemeinsamen Leistung zusammenzuführen und dabei ihre Energien und ihre Kreativität zu fördern. Der ganze Prozeß der Entwicklung von Führungskräften wird begleitet von Zeiten der Bestandsaufnahme und der kritischen Reflexion dessen, was erreicht wurde, wo Schwächen liegen und welche Aufgaben als nächstes zu bearbeiten sind.

Eine Arbeit an sich selbst leisten

Dem Jesuitenorden anzugehören bedeutet eine lebenslange Arbeit an sich selbst. Ein Werkzeug dazu ist die tägliche kritische Selbstbesinnung, außerdem die jährliche Wiederholung der Geistlichen Übungen als Quelle der Selbsterneuerung. Die Besinnung auf eine übergeordnete, Sinn stiftende Idee ermöglicht eine innere Distanz zum täglichen Geschehen und hilft, sich von Fremdbestimmungen zu befreien. Das Wissen um eigenes schuldhaftes Versagen führt zu Bescheidenheit und Läuterung der irrationalen Zwänge. Die Betrachtung des Kreuzes vermittelt die Kraft, sich bei Rückschlägen und Enttäuschungen nicht entmutigen zu lassen. Aus dieser Selbstbesinnung erwächst eine innere Welt, die mit vielen guten Erfahrungen angereichert ist, und ein starkes Gefühl der Dankbarkeit, das seinerseits dazu motiviert, durch die eigene Arbeit auch anderen wieder gute Erfahrungen zu vermitteln.

Diese Art der Arbeit an sich selbst führt zu einem Menschen, den Ignatius als „contemplativus in actione" bezeichnet hat, als einen im gewöhnlichen Leben meditierenden Menschen. Es ist ein Mensch, der in seinem alltäglichen Leben gemäß seinen Fähigkeiten und mit vollem Einsatz die ihm gestellten Aufgaben erfüllt, aber dabei zusätzliche innere Energien gewinnt, die er aus Quellen schöpft, die tiefer liegen.

Eine geistige Gemeinsamkeit entwickeln

Das Beispiel des Jesuitenordens lehrt vor allem, wie bedeutend für den Unternehmenserfolg eine gemeinsame verbindende Idee ist, die das Ganze zusammenhält, die Kräfte auf ein gemeinsames Ziel hin orientiert und jedem einzelnen Mitglied Orientierung für sein Handeln bietet. Dadurch bildet sich trotz der Verteilung der Niederlassungen über die ganze Welt eine große geistige Gemeinschaft, was das gemeinsame Entscheiden und Handeln erleichtert.

Diese gemeinsame Idee ist zweifellos der christliche Glaube, doch ohne ideologische Festlegung. Der Wahlspruch des Ordens „Omnia ad majorem Dei gloriam" enthält den Gedanken des „magis", des „Mehr", des ständig Besseren. Zu seinen Mitbrüdern sagt Ignatius: „Ihr dürft nur mit dem jeweils Besseren zufrieden sein." Dieser Satz erinnert an Karl Poppers „Suche nach einer besseren Welt". Beide verwenden die Steigerungsform des Komparativs, um zu einem Prozeß anzuregen, der immer weitergeht. In diesem Selbstverständnis des Ordens taucht die Leitidee des Lernens wieder auf, die sich offenbar seit Jahrhunderten bewährt hat und die an der Schwelle zum neuen Jahrtausend zur gemeinsamen Leitidee der Menschen insgesamt werden kann. Dies gelingt um so eher, je mehr Unternehmen Lernen zu ihrer Unternehmensidee erklären.

Zum Schluß

Meine berufliche Tätigkeit ermöglicht es mir, mit zahlreichen Persönlichkeiten zu sprechen, die an der Spitze großer Unternehmen und Organisationen stehen. Immer wieder beeindruckt mich, mit welch hohen ethischen Anforderungen an sich selbst, großer Intelligenz und persönlicher Ausdauer diese Menschen ihre Aufgabe erfüllen. Ein Unternehmen in unserer Zeit einigermaßen erfolgreich zu führen, das ist an sich schon ein Kunstwerk. Eindrucksvoll ist auch, die charakterliche Vielfalt dieser Persönlichkeiten zu erleben. Da gibt es sehr kreative Menschen, offene und beziehungsorientierte, bescheidene und zurückhaltende, solche, die über Jahre enttäuschende Erfahrungen durchstehen, andere, die trotz hoher beruflicher Belastung den Eindruck erwecken, für jeden Zeit zu haben. Es sind Menschen, die Schwächen haben, sich dessen bewußt sind und daran arbeiten.

Ihre verantwortungsvolle Aufgabe ist es, zusammen mit vielen anderen die materiellen Voraussetzungen zu schaffen, damit wir die Probleme der Welt immer wieder lösen und neue Entwicklungen für die Zukunft entwerfen können.

So wie Ignatius von Loyola am Beginn einer neuen Zeit stand, mit der Entdeckung der Neuen Welt und in einem gesellschaftlichen Umfeld, dem die Kraft zur Selbsterneuerung verlorengegangen war, so ähnlich könnten wir auch unsere Zeit beschreiben, in der etwas Neues beginnt und das Bisherige sich auf seine Selbsterneuerung konzentrieren müßte.

In einer solchen Zeit könnten von Unternehmen und ihren verantwortlichen Leitern orientierende und fördernde Impulse ausgehen. Der Weg der Geistlichen Übungen des Ignatius von Loyola bietet sich ihnen als Quelle für mehr Energie, für bessere Entscheidungen und für originellere Ideen an.

Literatur

BARTHES, R. (1971): Sade, Fourier, Loyola, Paris, Seuil.

BRUGGER, W. (1986): Philosophisches Wörterbuch, Freiburg i. Br., Herder.

DELEUZE, G., GUATTARI, F. (1992): Tausend Plateaus, Berlin, Merve Verlag.

DOLTO, F. (1977): L'Evangile au risque de la psychanalyse, Paris, Seuil.

ECKER, E. (1981): Franz Kafka, Hollfeld, Bayer.

GEISELHART, H. (1995): Wie Unternehmen sich selbst erneuern, Wiesbaden, Gabler.

HAAS, A (Hrsg.) (1966): Ignatius von Loyola. Geistliche Übungen, Freiburg i. Br., Herder.

JEAMMET, N. (1993): Les destins de la culpabilité, Paris, Presses universitaires de France.

KAFKA, F. (1977): Sämtliche Erzählungen, Frankfurt a. M., Fischer.

KNAUER, P. (1990): Unsere Weise vorzugehen nach den Satzungen der Gesellschaft Jesu, in: Ignatianisch, Freiburg i. Br., Herder.

VON LOYOLA, IGNATIUS (1977): Der Bericht des Pilgers, Freiburg i. Br., Herder.

LUHMANN, NIKLAS (1975): Soziologische Aufklärung, Opladen, Westdeutscher Verlag.

MEURER, F. (1995): Die 34. Generalkongregation der Gesellschaft Jesu, in: Geist und Leben, Heft 5, Würzburg, Echter.

MOSER, T. (1990): Das zerstrittene Selbst, Frankfurt a. M., Suhrkamp.

PALMIER, J.-M (1972): Lacan, Paris, éditions universitaires.

RAHNER, R. (1964): Ignatius von Loyola als Mensch und Theologe, Freiburg i. Br., Herder.

RAHNER, K, VORGRIMLER, H. (1967): Kleines theologisches Wörterbuch, Freiburg i. Br., Herder.

RAVIER, A. (1982): Ignatius von Loyola gründet die Gesellschaft Jesu, Würzburg, Echter.

DE ROSNAY, J. (1995): L'homme symbiotique, Paris, Seuil.

SAINT IGNACE (1967): Constitutions de la compagnie de Jésus, Paris, Desclée De Brouwer.

WELSCH, W. (1995): Vernunft, Frankfurt a. M., Suhrkamp.

WILLKE, H. (1983): Entzauberung des Staates, Königstein/Ts., Athenäum.

Der Autor

Helmut Geiselhart, geboren 1938, studierte Philosophie und Theologie und promovierte in Psychologie und Psychoanalyse. Er arbeitete 15 Jahre an einem Kinderkrankenhaus in Paris. Seit 1975 führt er Seminare, Trainings und Beratungen für Industrieunternehmen durch, inzwischen in mehreren europäischen Ländern und in den Vereinigten Staaten. Sein Buch „Wie Unternehmen sich selbst erneuern" ist 1995 ebenfalls bei Gabler erschienen.

Weitere Managementbücher

Helmut Geiselhart
Wie Unternehmen sich selbst erneuern
Konzepte für die Umsetzung
1995, 184 Seiten, 68,– DM

Helmut Geiselhart beschreibt einen ganzheitlichen Weg zur Selbsterneuerung und damit zum dauerhaften Unternehmenserfolg in einer Welt des grundlegenden und schnellen Wandels.

Bernhard A. Grimm
Macht und Verantwortung
Ein Anti-Machiavelli für Führungskräfte
1996, 224 Seiten, 68,– DM

Macht ist eng verzahnt mit Minderwertigkeitsgefühlen und Angst. Dieses Buch zeigt: Nur wer verantwortungsbewußt mit Macht umgeht, kann die Voraussetzungen für ein gedeihliches Miteinander schaffen.

Baldur Kirchner
Benedikt für Manager
Die geistigen Grundlagen des Führens
1994, 216 Seiten, 68,– DM

Dieses Tugendbuch für Manager ist ein zuverlässiger Ratgeber für alle, die an ihrer Persönlichkeit arbeiten wollen. Baldur Kirchner macht deutlich, was der Gründer des Benediktinerordens Managern von heute zu sagen hat.

Stand der Angaben und Preise: 1.1.1999
Änderungen vorbehalten.

GABLER
BETRIEBSWIRTSCHAFTLICHER VERLAG DR. TH. GABLER GMBH, ABRAHAM-LINCOLN-STR. 46, 65189 WIESBADEN